"Non ti mandammo se non come misericordia per il creato"

Corano, V 107, Sura 21 (I Profeti)

Il Profeta dell'Islam

MUHAMMAD ﷺ

La biografia e la guida illustrata della base morale della Civiltà Islamica

Terza Edizione

pubblicato Copyright © Osoul ,2017

Questo libro è stato predisposto da Osoul Global Center e tutte le immagini utilizzate nel progetto hanno diritti o open source e Osoul Global Center consente a ciascun musulmano di stampare il libro e di pubblicarlo purché l'obbligo di informare il Centro in modo formale , si riferisce alla fonte e non modifica il testo, nel rispetto degli standard di qualità in stampa secondo le specifiche specificate nel centro

Traduzione dall'Inglese: Cinzia Rodolfi
Stampato e rilegato presso KAT Press

Commenti e richieste
osoul@rabwah.com
Per l'Italia : libreriaiman@gmail.com
Per altri lingue : info@muhammadpocketguide.com
Questo libro è disponibile su www.amazon.com
Libreria Iman, Via Varanini, 12 - Milano
Tel. +(39) 0239465484 - +(39) 3385382867

ISBN 978 - 098 - 0727 - 75 - 3 L.D. No.: 1443 / 5637
Terza Edizione, Maggio 2017

"Nei confronti dei Profeti miei predecessori, sono come un mattone mancante da una casa che qualcuno ha costruito e rifinito. I visitatori contemplando la bellezza dell'edificio direbbero: "Che casa meravigliosa, perché non hanno messo quel mattone?". Io sono quel mattone! E sono il Sigillo dei Profeti".

Muhammad
(pace e benedizione su di lui)

(Trasmesso da Bukhari 4.734, 4.735)

NOTE IMPORTANTI

- Quando i musulmani menzionano il nome di Muhammad è un obbligo religioso, indice di rispetto, dire: "La pace e la benedizione di Allah siano su di lui". In questo libro e in molte altre pubblicazioni legate al Profeta Muhammad, questo viene abbreviato con "pace e benedizione su di lui" "pbsl" che in arabo si scrive cosi: (ﷺ).

  Tuttavia dato che si tratta di una guida tascabile dove è spesso ricorrente il nome del Profeta Muhammad (pbsl), potrebbe venire omesso in alcune parti per questioni di spazio e per non distogliere l'attenzione del lettore non musulmano; non per mancanza di rispetto.

- La guida tascabile in molte delle sue parti si riferisce a Dio con "Allah" (nome specifico di Dio l'Altissimo). Questo "nome" non può essere utilizzato per qualsiasi altro essere vivente. Ogni pubblicazione che contenga il nome di Dio (Allah) deve essere trattata con rispetto e deve essere conservata in modo rispettoso. Ringraziamo il lettore che avrà cura di questo libretto.

  D'altra parte, laddove nella guida è presente la parola Dio o Signore, si riferisce ad Allah (Gloria a Lui).

  I musulmani credono in un unico Dio (l'unica divinità) che Ha creato il mondo, la terra, i cieli, il cosmo e tutti gli esseri viventi (appartenenti a tutti i mondi).

Secondo il credo islamico, Allah possiede molti attributi e nomi che Lo descrivono e descrivono Le sue azioni come l'Amorevole (Al-Wadud, in arabo), Il santo (Al Quddus in Arabo o hakkadosh "l'Unico Santo" in ebraico). L'Unico (al Ahad in arabo e Echad in ebraico), La pace (Al Salam in Arabo, Shalom in ebraico). Ma il Nome principale è Allah, Gloria a Lui.

In ebraico Dio è nominato "Elohim" e in aramaico "Elah-Alaha". Il primo capitolo del Sacro Corano "l'Aprente" introduce Dio con le seguenti parole: "La lode appartiene ad Allah, Signore dei mondi, il Compassionevole, il Misericordioso".

- La parola "Makkah", che è la città natale del Profeta Muhammad (pbsl) viene scritta in molti libri come "Mecca". Entrambe le forme di scrittura sono presenti in questa guida. La città della Mecca è situata nella valle di Bakkah, conosciuta come "Becca" nel Vecchio Testamento. Inoltre la parola "Medina" indica la città in cui il Profeta Muhammad (psbl) emigrò. In arabo si chiama "Al-Madina al-Munawwara "che significa la città illuminata.

- Le informazioni disponibili in questa guida sono tratte da fonti autentiche secondo la migliore conoscenza dell'autore. Ci scusiamo per ogni errore involontario o di stampa. I lettori possono inviare tramite e-mail i loro commenti all'indirizzo disponibile nella guida tascablile.

© جمعية الدعوة والإرشاد وتوعية الجاليات بالربوة ، ١٤٤٣هـ

فهرسة مكتبة الملك فهد الوطنية أثناء النشر

مركز اصول
نبي الإسلام محمد صلى الله عليه وسلم - باللغة الأيطالية. /
مركز اصول - ط٢. .- الرياض ، ١٤٤٣هـ
٢٧٣ ص ؛ ..سم

ردمك: ٤-٨٥-٨٣٥٢-٦٠٣-٩٧٨

١- السيرة النبوية ٢- الشمائل المحمدية أ.العنوان
ديوي ٢٣٩ ١٤٤٣/٥٦٣٧

رقم الإيداع: ١٤٤٣/٥٦٣٧
ردمك: ٤-٨٥-٨٣٥٢-٦٠٣-٩٧٨

(ملاحظة): لا يتم طباعة الجزء الأسفل مع بطاقة الفهرسة

تامل مكتبة الملك فهد الوطنية تطبيق ما ورد في نظام الإيداع بشكل معياري موحد ، و من هنا يتطلب تصوير الجزء الاعلى بالأبعاد المقننة نفسها خلف صفحة العنوان الداخلية للكتاب ، كما يجب طباعة الرقم الدولي المعياري ردمك مرة أخرى على الجزء السفلي الأيسر من الغلاف الخلفي الخارجي .
و ضرورة إيداع نسختين من العمل في مكتبة الملك فهد الوطنية فور الانتهاء من طباعته، بالإضافة إلى إيداع نسخة الكترونية من العمل مخزنة على قرص مدمج (CD) وشكرا ،،،

Una parola dell'autore

Sono onorato di aver avuto il tempo e le capacità per lavorare a questa guida tascabile sul Profeta Muhammad (pace e benedizione su di lui), l'uomo che ha illuminato il cuore di milioni di persone nel mondo, conducendoli alla fede e alla sottomissione del Dio Unico: il Signore dei Mondi e di tutti gli esseri viventi.

Ho impiegato ore piacevoli nello scrivere ed assemblare questa guida, dove ho imparato che un buon lavoro richiede tempo e dedizione. I fatti in esso contenuti sono preziosi e necessitano di una personale conoscenza della materia e di sforzi per recuperarli e trasmetterli nella maniera più corretta ed integra possibile.

Questo progetto (produrre una guida tascabile) mi ha avvicinato molto alla vita, ai detti e alle azioni del Profeta Muhammad (pbsl) che indubbiamente io amo e ammiro. Più lo conosco e comprendo i suoi insegnamenti e modi di vivere, più sono motivato a presentare le sue virtù ed i suoi importanti detti (ahadith) che sono esempio di ottimo comportamento per il mondo intero, e cercherò di parlarne in modo semplice e preciso.

Muhammad (pbsl) è l'uomo che ha dedicato la sua vita per la nobile causa di Allah, descrivendo se stesso umilmente come l'ultimo mattone che completa uno splendido edificio. Questo edificio è una metafora dell'insieme di tutti i profeti e i messaggeri inviati da Dio all'umanità per guidare alla verità e insegnare a non

Tutta la lode è a Allah il Signore dell'universo e tutti gli esseri. Ha creato l'uomo nella migliore statura e lo ha reso in grado di ascoltare, vedere e pensare. Lo ha reso un successore sulla terra e lo ha affidato per costruire la terra e per non causare alcuna ferita in esso. Di conseguenza, l'uomo dovrebbe adorare Dio e stabilire la propria religione (legge) sulla terra. I nostri comandanti del Creatore sono chiari. Essi comandano le persone a fare buone azioni e astenersi da ogni tipo di cattive azioni e abominazioni.

Il nostro Creatore ha reso la nostra vita breve e temporanea. La vita sulla terra è un ponte alla vita eterna nell'aldilà. È il Giorno del Giudizio. Chiunque fa il bene lo vedrà e sarà ricompensato. E chiunque fa male lo vedrà e sarà punito per il suo.

In tutta la storia, Dio ha inviato molti messaggeri a persone per guidarli al loro Creatore e spiegare loro la verità dietro la loro creazione e scopo della vita. Noè, Abramo, Mosè, Gesù e Muhammad erano messaggeri di Dio. Tuttavia, la pace di Profeta Muhammad è stata distinta da alcune importanti caratteristiche. Dio lo ha scelto per trasmettere l'ultimo messaggio divino all'umanità. È conservato nel Corano, l'ultimo libro divino all'umanità. Inoltre, la vita del Profeta Maometto era una dimostrazione pratica e l'applicazione ai comandamenti di Dio. I suoi insegnamenti hanno dimostrato a tutto il mondo che il sincero e onesto rispettando i nostri comandamenti del Creatore, porta benevolenza, benessere e pace all'intera umanità. Il profeta Muhammad stabilì la base morale di una civiltà che divenne un punto di svolta nello sviluppo dell'umanità.

Tuttavia, al giorno d'oggi, il mondo passa attraverso una fase critica carico di problemi sociali, economici e politici e gravi catastrofi. Tutti i popoli del globo cercano una uscita sicura da questa fase.

Osoul Global Center presenta una breve biografia sul Profeta Muhammad e sui suoi insegnamenti che illuminano i cuori di milioni di persone sulla terra. Quando i suoi compagni e seguaci credevano sinceramente nel Messaggio finale di Dio e applicavano gli insegnamenti del suo messaggero Muhammad (pace su di lui), erano in grado di guidare il mondo e diffondere giustizia, misericordia e benevolenza dovunque essi giunsero.

Tuttavia, le complicazioni attuali nel mondo stanno aumentando la violenza e il terrorismo. Stanno causando media negativa e associazione ingiusta con gli insegnamenti del profeta Muhammad. Dopo aver letto questo libro che è supportato da narrazioni autentiche, invitiamo i nostri lettori non musulmani ad essere oggettivi e imparziali. Quando leggono con attenzione il libro e riflettono sulla biografia di Profeta Muhammad, raggiungeranno una giusta conclusione. Dio dice nel Corano: "E non ti abbiamo mandato, ma come misericordia ai mondi" Corano 21: 107

Chiediamo a Nostro Signore, il creatore dell'universo e tutti gli esseri che ci guidano sul vero e diritto percorso.

Osoul Center

INDICE

اقرا باسم ربك
الذي خلق
خلق الإنسان
من علق
غار حراء

Questa è la parola Muhammad in arabo scritta in un carattere iconografico. La parte in alto assomiglia alla parte superiore della moschea con una cupola nel mezzo. Notate la cupola nella lettera "h" della parola "Muhammad". La parte inferiore della moschea è formata dalla frase "rasulu-Allah" che significa "Messaggero di Dio".

L'esagono è formato dalla parola araba Muhammad scritta in uno stile ancora differente e ripetuta sei volte.

L'artista Sig.Farid Al-Ali

In arabo la parola "Muhammad" significa persona che viene frequentemente e ripetutamente lodata per le sue buone azioni. Di conseguenza è una persona degna di lode.

Capitolo 1

Testimonianze

John Adair

Autore di "The Leadership of Muhammad". Cattedra di Leadership Studies Staff College di sistema delle Nazioni Unite a Torino

"Nel pensiero islamico, i modelli dei condottieri musulmani erano contemporaneamente forti e coraggiosi ma anche umili, capaci di visione e ispirazione, ma allo stesso tempo si dedicano al servizio del loro popolo. Mentre leggete queste pagine, sarete, spero, in grado di giudicare voi stessi quanto Muhammad arriva a questo ideale di uomo nobile. La mia argomentazione è che questo ideale, intravisto più di una volta nella vita del profeta Muhammad è in accordo con quello che sappiamo essere la verità universale sulla natura e la pratica della leadership."

William Montgomery Watt

(1909-2006) emerito professore di studi arabi ed islamici all'università di Edimburgo, autore di "Muhammad at Mecca" Oxford, 1953, p. 52.

"La facilità con cui i suoi seguaci lo seguirono nelle persecuzioni, le caratteristiche di altissima moralità delle persone che credettero subito in Muhammad come capo indiscusso religioso e condottiero, e la grandezza del suo operato sono tutti argomenti della sua integrità ed eccellenza. Ciò nonostante nessuna grande figura della storia dell'umanità è così poco apprezzata in Occidente."

Mahatma Gandhi

(1869 - 1948) Politico e leader spirituale del movimento di indipendenza indiana

"Volevo sapere chi fosse oggi il più amato e chi avesse oggi un indiscusso potere sui cuori di milioni di esseri umani. Mi convinsi sempre più che la spada non fu lo schema di vita che fece vincere l'Islam a quell'epoca.

La totale abnegazione del Profeta Muhammad alla sua missione fu una rigida semplicità; fu il suo scrupoloso rispetto verso i suoi impegni; fu la sua intensa devozione per i suoi amici e seguaci; fu il suo straordinario coraggio; e soprattutto l'assoluta fede in Dio. Quando ho concluso il secondo volume (del libro sulla sua vita), ero dispiaciuto perché avrei voluto continuare a leggere di lui."

Alphonse de Lamartine

(1790 - 1869) Poeta, scrittore e politico

Histoire de la Turchie, Parigi, Vol Ii, pp.276-277

"Filosofo, oratore, apostolo, legislatore, guerriero, conquistatore di idee, restauratore di dogmi razionali, di un culto senza immagini; Questo è Muhammad. Per quanto riguarda tutte le norme con le quali la grandezza umana può essere misurata, possiamo ben chiedere, c'è qualcuno più grande di lui?".

William Durant

(1885-1981) storico, filosofo e scrittore. Autore di "The Story of Civilization", parte 4,vol. 4, p. 25

"Il suo nome, significato, "altamente lodato", si prestò bene alcuni passaggi biblici come prevedere il suo avvento. Ma Muhammad non era mai conosciuto per scrivere nulla. Il suo apparente analfabetismo non gli impediva di recitare il Corano che è il libro più famoso ed eloquente della lingua araba."

Johann Wolfgang Von Goethe

(1749 - 1832) Grande poeta europeo. Noten und Abhandlungen zum Weststlichen Dvan, WA I, 7, 32

"Fu un Profeta e non un poeta perciò il suo Corano deve essere capito come una legge divina e non come il libro di un essere umano".

Thomas Carlyle

(1795 - 1881) Storico, Filosofo e autore di "Heroes and Hero Worship and the Heroic in History"

"Come un solo uomo, sia stato in grado di riunire tribù errabonde e beduini nomadi, rendendoli la nazione più forte e civilizzata in meno di due decenni".

Nota: *Thomas Carlyle tentò di tracciare un quadro dello sviluppo dell'intelletto umano, utilizzando personaggi storici come coordinate e pose il profeta Muhammad in un posto speciale nel libro sotto il titolo del capitolo "Un eroe come profeta". Nel suo lavoro Carlyle dichiarò la sua ammirazione con una posizione speciale di Muhammad come uomo riformatore del tipo hegeliano.*

Reverend Reginald Bosworth Smith

(Mohammad & il Mohammadismo, London, 1874, p. 92)

"Capo dello Stato come della Chiesa. Egli era Cesare e Papa in unica persona, ma fu Papa senza alcuna rivendicazione, e Cesare senza alcuna legione, senza il suo perenne esercito o le guardie del corpo, senza un palazzo, senza un fisso funzionario. Se mai un uomo governò per giustizia divina, questo fu Muhammad, colui che ebbe ogni potere senza strumenti e senza supporti. A lui non interessava il vestito del potere. La semplicità della sua vita privata era in linea con la sua vita pubblica".

Leo Tolstoy

(1828 - 1910) Il famoso scrittore e romanziere russo. Autore di "Guerra e Pace".

"Non c'è dubbio che il Profeta Muhammad è uno dei più grandi riformatori che hanno servito in profondità il quadro sociale. E 'sufficiente dire che ha condotto un'intera nazione all'illuminazione della verità e l'ha reso più incline alla tranquillità e la pace, e impedito di spargere sangue e di compiere sacrifici umani (anche se questo non è mai stato dimostrato contro gli arabi prima dell'Islam). Ha ampiamente aperto alla sua nazione i cancelli dello sviluppo e della civiltà. Questa è una grande impresa, che solo un uomo forte può realizzare, e un uomo del genere merita di essere guardato con rispetto e ammirazione".

Maurice Bucaille

(1920-1998) Medico francese e specialista in gastroenterologia. Membro della Società Francese di Egittologia. Autore di "La Bibbia, il Corano e la scienza".

"L'Islam insegna che Dio ha dato all'uomo la facoltà della ragione e si attende pertanto l'uomo che ragioni sulle cose in modo oggettivo e sistematico. In considerazione dello stato delle conoscenze nei giorni di Muhammad, è inconcepibile che le dichiarazioni del Corano legate alla scienza abbiano potuto essere opera dell'uomo. Un esame del tutto oggettivo del Corano alla luce delle conoscenze moderne, ci porta a riconoscere l'accordo tra i due".

Capitolo 2

La sua personalità

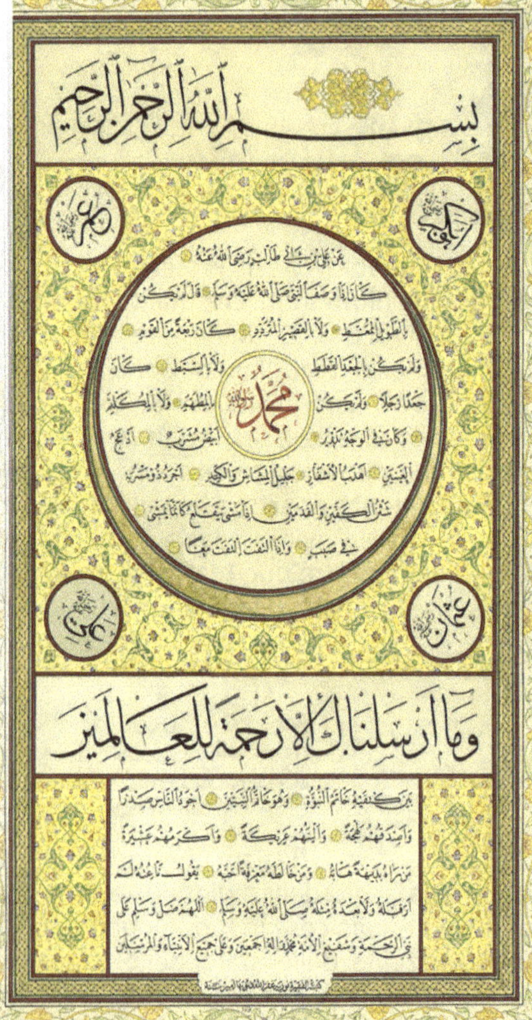

Il ritratto delle qualità di Muhammad:
carattere e qualità documentate dai suoi compagni.
Disegni dell'artista spagnola Nuria Garcia Masip

La personalità e gli attributi di Muhammad

Com'era il Profeta?

Muhammad era un uomo di carnagione chiara. Altezza poco sopra la media, buona corporatura e ampie spalle. La pancia di profilo non sporgeva mai al di là del petto. Camminava in modo fermo sollevando un piede dopo l'altro dal suolo.

I compagni del Profeta lo descrissero come una persona affascinante, con un'ampia fronte, un naso dritto, lunghe ciglia, larghi occhi neri, denti perfetti e un sorriso piacevole. Aveva i capelli mossi e una barba folta.

I suoi compagni descrissero il suo viso amichevole che assomigliava alla luna piena. Non rideva ad alta voce, il suo ridere era per lo più un sorriso da cui si intravvedevano denti simili a chicchi di grandine. Il suo buonumore e la sua disponibilità erano percepiti da tutti.

La sua natura

Muhammad era immancabilmente di buon umore, di natura semplice e molto ben educato, non era pettegolo, né diceva oscenità. Non gli interessava evidenziare le colpe delle persone e neanche esagerava nel lodarle.

Il suo modo di parlare

Muhammad non parlava inutilmente e quando parlava andava subito al punto senza perdere tempo. Le sue parole erano precise e concise, spiegava grandi concetti in breve. Parlava con eccellenza ma senza esagerare.

Quando voleva enfatizzare un concetto lo ripeteva tre volte, ed usava sottolinearlo con dei gesti. Non diceva niente senza sperare una ricompensa d'Allah. Disse ai suoi compagni:

"Io sono colui che garantisce una casa nel confine del paradiso per tutti coloro che smettono di litigare, anche se hanno ragione; e garantisco una casa nel mezzo del paradiso per coloro che smettono di dire bugie, anche se si tratta di uno scherzo; e garantisco una casa nella parte più alta del paradiso a coloro che si comportano con buone maniere." (Sahih Abu Dawood, 4974/4800)

Le sue passioni

Egli teneva le sue emozioni e sentimenti sempre sotto controllo. Quando si infastidiva si metteva da parte o restava in silenzio. Quando qualcuno violava la Legge di Dio, si arrabbiava seriamente rimanendo fermo in piedi. Nessuno riusciva a evitare che si contrariasse molto in merito a questioni legate a Dio, fino a quando la verità avesse trionfato. Ma non si sarebbe mai arrabbiato per alcun motivo personale.

Come si rapportava con le persone?

Muhammad era sempre pronto a salutare e quando dava la mano non la ritirava mai per primo.

Chi lo vedeva anche per la prima volta subito lo stimava e lo apprezzava. Chiunque si relazionò con lui anche solo per poco arrivò poi ad amarlo molto. Era di natura gentile, non fu mai rude non disprezzarva alcun essere umano.

Guardava le persone direttamente negli occhi e quando qualcuno lo chiamava si girava completamente anche con il corpo per prestare maggiore attenzione.

Quando voleva parlare con la gente si sedeva si sedeva mettendosi più vicino possibile a tutti e raccomandò i suoi compagni a comportarsi così. Quando qualcuno si sedeva vicino a lui, gli donava la sua completa attenzione, e se chiedeva gli rispondeva sempre disponibile, dandogli la precedenza sugli altri in modo da lasciarlo soddisfato e rispettato. Non si sedeva sempre nello stesso posto. Egli era leale con tutte le persone ed i suoi compagni. Essi (per lui) si distinguevano solo per la loro virtù e devozione a Dio.

Il suo stile di vita

Ogni sua azione nella sua vita era moderata, senza eccessi.

Non ha mai criticato il cibo o le bevande che venivano preparati per lui né le ha eccessivamente lodate.

A casa divideva il suo tempo in tre parti. Una parte per Dio, una per la sua famiglia e la terza per se stesso. Aiutava sempre nelle faccende domestiche e qualche volta rammendava i suoi indumenti, riparava le sue scarpe e puliva il pavimento. Si vestiva con cura e si profumava.

(Sahih Al Bukhari, Capitolo dell'educazione)

Dopo le preghiere dell'alba, soleva rimanere seduto in moschea recitando il Santo Corano e invocando Allah, fino al levarsi del sole. Nel cuore della notte, si alzava per le preghiere notturne, un'adorazione che non ha mai tralasciato nella sua vita (Sahih Bukhari).

Egli dichiarò illecito che la sua famiglia avesse doni di zakat o di sadaqa (tipologie di carità). Su questo punto era molto attento, infatti non incaricò nessuno della sua famiglia di occuparsi a raccogliere la zakat.

La sua casa era soltanto una capanna con dei muri di argilla non cotta, il tetto era di paglia coperto da foglie di palma e di pelle di cammello. Era una casa semplice e molto umile anche per sua scelta.

Il profeta Muhammad disse: "Cosa dovrei fare con le cose terrene? il mio legame con il mondo è come quello di un viaggiatore che si sofferma un po' sotto l'ombra di un albero di palma poi se ne va via." (2/666- 2788, Musnad Ahmad, Narrated by Abdullah bin Abbas)

Quando morì, egli non aveva soldi o proprietà eccetto il suo bianco mulo e un parte di terreno che aveva dedicato per il bene della comunità (Sahih Bukhari).

Capitolo 3

Biografia

Dati Personali

Nome	**Muhammad** ﷺ
Nome del padre	Abdullah figlio di Abdul-Muttalib (lontani discendenti del profeta Ismaele figlio del profeta Abramo)
Nome della madre	Amina figlia di Wahb.
Cognome	Egli apparteneva alla famiglia dei Bani-Hashim di Quraish, una tribù di alto rango in Arabia
Data di nascita	20- 22 Aprile 570DC (circa)
Luogo di nascita	Città di Mecca (Makkah) - Penisola Arabica (attualmente in Arabia Saudita)
Data di morte	6 giugno 632 DC (circa), aveva 63 anni quando morì.
Morte e Luogo Sepoltura	Medina (approssimativamente a 400 km a nord della Mecca)

Biografia

Infanzia ed adolescenza

Nascita - 2 anni	Muhammad non aveva fratelli o sorelle. Suo padre morì prima della sua nascita. La madre lo mandò fuori da Mecca per farlo allattare da una balia il cui nome era Halima (secondo una vecchia tradizione araba).
2-6 anni	Visse con la madre Amina finò a quando ella morì nel 576 DC.
6-8 anni	Visse con il nonno Abdul-Almuttalib fino a quando egli morì.
8-25 anni	Visse con lo zio paterno (Abu Talib) che aveva 10 figli.

Educazione

Muhammad ﷺ era analfabeta: Non sapeva né leggere né scrivere. Non ricercò il sapere oltre la sua città. I musulmani affermano che Muhammad abbia trasmesso il Libro, il Sacro Corano, Messaggio di Dio, rivelatogli e ispiratogli da Dio, alle persone e che lo abbia riportato fedelmente lettera per lettera; parola per parola senza riformulare o apportare nessuna sua personale modifica ad alcuna parte del Corano.

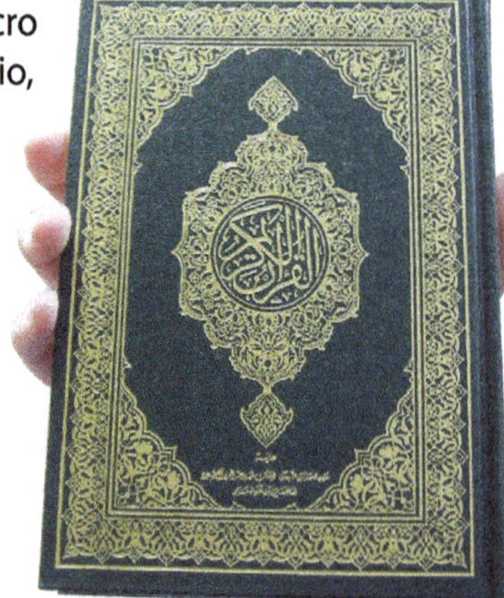

i detti e gli insegnamenti di Muhammad non sono inseriti nel Corano: Bensì sono stati raccolti in libri chiamati "La Tradizione del Profeta" essi sono i suoi insegnamenti, il suo comportamento eccelso di vita e la spiegazione del Sacro Corano.

Vita lavorativa

Infanzia – 23 anni	Lavorò come pastore per un periodo di tempo curando pecore e capre per gli altri. Inoltre, Lavorò come commerciante con lo zio Abu Talib. Secondo i racconti autentici, Muhammad aveva 12 anni quando, per la prima volta, si unì allo zio Abu Talib in un viaggio commerciale in Siria.
23-40 anni	Lavorò come mercante per una ricca donna di nome Khadija che aveva un'impresa commerciale (acquistando merci in posto per poi rivenderle in un altro). Era noto per la sua fedeltà, integrità e affidamento, tanto che veniva chiamato **"As-sadiqul Amin"**. Il veritiero l'affidabile.
40-63 anni	Quando aveva 40 anni (610 DC) Muhammad ricevette la rivelazione divina e dedicò la sua vita a trasmettere il messaggio di Dio a tutta l'umanità. Insegnò alle persone l'unicità di Dio, trasmettendo il Libro di Dio (il Sacro Corano) che invita alla giustizia sociale, alla pace, all'armonia, e al benessere.

Stato civile

Muhammad sposò Khadija la figlia di Khuwaylid, proveniente da una nobile famiglia conosciuta come Asad ed il loro felice matrimonio durò 25 anni.[2]

Era una donna molto rispettata nella sua comunità ed era vedova; Muhammad lavorò per lei due anni, dopodiché lei prese l'iniziativa e fece in modo, tramite un conoscente, di suggerire a Muhammad di sposarla. Khadija si innamorò della sua lealtà e dei suoi nobili valori morali.

Un matrimonio di successo: Nonostante Khadija fosse più grande di Muhammad di 15 anni entrambi provenivano da una classe sociale molto simile ed erano persone di ottima educazione, entrambi erano persone molto speciali.

La differenza d'età non fu un ostacolo per il raggiungimento di un matrimonio di successo che durò 25 anni fino alla morte di Khadijia morì nel 619 DC all'età di 65 anni.

Si risposò solo dopo la morte di Khadijia.

Muhammad amava Khadijia ed era molto fedele a lei ed ai figli

In diverse occasioni la descrisse come la migliore donna della sua epoca come fu precedentemente Maria Vergine la madre di Gesù.

(narrato da Bukhari)

Padre di sei figli e uomo di famiglia

Muhammad e Khadija vissero in armonia e pace; ebbero 4 figlie (Zaynab, Ruqayya, Um Kulthum e Fatima) e due figli (Al-Qassim che morì all'età di tre anni e Abdullah che morì all'età di 4 anni). Muhammad era abituato a trascorrere del tempo con la famiglia, aiutava la moglie nelle faccende domestiche, rammendava i suoi stessi vestiti e badava ai figli.

Foto del cimitero di Baqi' che si trova vicino alla moschea del Profeta. Molti compagni, amici, mogli e figli di Muhammad furono seppelliti in questo cimitero.

cimitero Al-Ma'ala in Mecca, dove fu sepolta Khadija

Una Missione Compiuta in 23 anni

610 DC

Incomincia la rivelazione divina:

Muhammad riceve il Messaggio di Dio[3]. Fu nominato come messaggero di Dio per trasmettere le Sue parole all'umanità. Una mis-sione che richiede un credo forte, molta dedizione, impegno e onestà.

610- 612 DC

Il nucleo dei musulmani: Muhammad invitò all'Islam i suoi amici, la sua stretta cerchia di conoscenti e persone selezionate come virtuose. Durante i primi tre anni dopo la profezia circa 130 persone avevano già abbracciato l'Islam e divennero un forte nucleo che fu in grado di diffondere l'Islam. Questo nucleo era formato da gente ricca e soprattutto da gente povera.

613- 615 DC

L'insistenza all'invito in pubblico: Muhammad e i suoi seguaci iniziarono a rivolgersi alle persone apertamente e parlare loro dell'Islam. Sebbene il Profeta fosse riconosciuto come un uomo veritiero ed onesto, i leader meccani non accettarono il suo invito ad abbandonare il politeismo e gli opposero resistenza. Lo descrissero come un poeta, e lo accusarono di essere un mago ed un pazzo.

Tentato e minacciato: I personaggi più in vista di Mecca cercarono di dissuadere Muhammad dall'invitare le persone all'Islam minacciandolo oppure anche offrendogli agi e ricchezza e potere se avesse smesso di parlare del monoteismo. Nello stesso tempo cercavano di evitare che la gente lo ascoltasse. Essi mostravano sempre maggior ostilità verso i nuovi musulmani. Infatti perseguitavano e torturavano quelli più poveri e deboli senza protezione.

Alcuni dei seguaci in Abissinia: Muhammad era molto vicino ai suoi seguaci. Era solito incontrarli nella casa di Al-Arqam, una piccola scuola dove insegnava loro i valori dell'Islam e la moralità, infondendo sentimenti di responsabilità ed impegno.

Vedendo la sofferenza e la pressione di alcuni dei suoi seguaci, li consigliò a cercare rifugio in Abissinia, descrivendola come un terra di virtuosi regnata da un leale re cristiano, sotto il quale nessuno sarebbe stato minacciato ingiustamente. Infatti così fu.

Due uomini influenti abbracciano l'Islam: Due uomini forti e rispettabili di Mecca abbracciarono l'Islam. Si tratta di Omar bin Al-Khattab e Hamza bin Abdul-Muttalib (lo zio di Muhammad) e questa fu una svolta decisiva per i musulmani. Hamza divenne un forte sostenitore e prottetore di Muhammad, fino a quando morì durante la battaglia di Uhud (625 DC). Invece tre anni dopo la morte del Profeta Muhammad, Omar divenne il secondo califfo e regnò lo Stato Islamico per 11 anni.

616- 618 DC

Viene boicottato: I leader meccani boicottarono Muhammad e i suoi seguaci, imponendo loro un assedio economico e sociale che durò 3 anni. Durante questo periodo soffrirono fame ed isolamento. Fu una difficile prova di pazienza, fede e impegno ma resistettero per diffondere la verità.

619- 620 DC

L'anno della tristezza: I capi di Mecca furono costretti a interrompere l'assedio sociale ed economico perché compresero che era inutile in quanto i musulmani non avrebbero mai ceduto. Nello stesso anno la moglie Khadijia e lo zio Abu Talib morirono.

Muhammad decise di diffondere il Messaggio di Dio e cercare supporto al di fuori della sua città. Si recò a Taif ma fu accolto con ostilità[4]. Dialogò e parlò dell'Islam a più di venti tribù arabe ma non ricevette nessuna risposta positiva anzi lo scacciarono.

620- 622 DC

Un bagliore di speranza: Durante il pellegrinaggio Incontrò sei persone provenienti dalla città di Yathrib (una città situata a 450 Km a nord di Mecca), e parlò loro dell'Islam. Credettero in lui e ritornarono nella loro città con l'intenzione di invitare le genti di varie tribù presenti a Yatrib. Così fecero e si misero d'accordo di ritornare a Mecca un anno dopo durante un altro pellegrinaggio per incontrare di nuovo Muhammad "il Profeta e il Messaggero di Dio".

I nuovi musulmani stipulano un patto con Muhammad

Biografia

Lo stesso gruppo ritornò l'anno successivo ma con altre sei persone[5]. Stipularono un'alleanza con Il Profeta Muhammad (pbsl) (accettandolo come messaggero di Dio) giurandogli di:

(1) non adorare nessuno all'infuori di Allah, l'Unico Dio; (2) non rubare; (3) non commettere adulterio; (4) non uccidere; (5) non diffamare i vicini; (6) non disobbedire a Dio.

Quindi il gruppo ritornò a Yathrib e invitò i leader delle rispettive tribù e la gente del popolo ad abbracciare l'Islam. Infatti si ripresentarono l'anno successivo durante il pellegrinaggio con più di 70 uomini e due donne stipulando patto di fedeltà simile a quello precedente.

Moschea Al-Aqaba o Al-Bay'aa "Patto"

Biografia

Una nuova comunità di musulmani a 450 km da Mecca: I leader delle due principali tribù a Yathrib (gli Aws e Khazraj) abbracciarono l'Islam e di conseguenza i loro popoli divennero musulmani. Il Profeta Muhammad (pbsl) fu chiamato a Yathrib e divenne il governatore della città.

622 DC

I capi di Mecca complottano l'uccisione; incominciò la migrazione verso Yathrib: Le cose divennero molto difficili a Mecca, perciò Muhammad chiese ai musulmani meccani di migrare a Yathrib a partire, era settembre 622 DC. Questa famosa migrazione rappresenta tuttora una svolta decisiva nella storia islamica. Da Yathrib l'Islam fiorì, portando alla creazione di uno Stato Islamico, e alla nascita di un nuovo ordine sociale.

623-624 DC

Il regnante di Yathrib

Muhammad, "Il Messaggero di Dio", è diventato il capo di Yathrib con volontà e pacificità con l'accordo della maggioranza delle persone.

La gente di Yathrib era un mix di arabi e di ebrei. Anche se esistevano due tribù arabe e tre tribù ebraiche più piccole, la comunità araba era più grande di quella ebraica.

Muhammad cambia il nome della società multiculturale

"Madinah" Medina fu e rimane tuttora il nuovo nome che Muhammad diede alla città di Yathrib.

Dopo che i musulmani meccani emigrarono da Mecca, Yathrib non appartenne più ad una certa tribù, ma diventò la terra dei credenti che per primi abbracciarono l'Islam.

Dato che a Yathrib ancora vi erano comunque tribù arabe non musulmane oltre a quelle ebraiche, il Profeta Muhammad non la chiamò "la città dell'Islam" ma solamente "la città" (medina significa città) dove tutti gli abitanti avevano uguali diritti di cittadinanza.

Mohammad invita alla pace e all'unità

Nel suo primo discorso pubblico alla gente di Medina, Muhammad promosse l'armonia e la coesione sociale.

> Disse: "O gente, cercate e diffondete la pace; offrite cibo l'uno all'altro; prendetevi cura dei vostri parenti e pregate di notte quando gli altri dormono in modo da guadagnarvi la soddisfazione di Dio e l'ingresso in Paradiso". (Ibn Majah, 4331) and (Tirmidhi, 5842)

Muhammad legò queste buoni azioni alla soddisfazione di Dio e motivò le persone a volersi bene a vicenda e vivere in armonia e pace in una società multiculturale.

623-624 DC

Mohammad formò la prima costituzione e la carta dei diritti e delle libertà umane: La maggior parte degli ebrei speravano che l'ultimo profeta sarebbe stato ebreo ed anche se la maggioranza di loro a Madinah non riconoscevano Muhammad, come profeta di Dio, lo riconobbero come leader della città ove stipulò la prima costituzione e la prima carta dei diritti e delle libertà umane, accettate e sottoscritte da tutte le tribù arabe ed ebraiche.

La costituzione garantiva la libertà di coscienza e di culto sia per i musulmani che per gli ebrei ed anche per quegli arabi che non avevano riconosciuto l'Islam.

Inoltre la costituzione garantiva la piena protezione e la sicurezza di tutti i cittadini di Medina. In compenso chiedeva a tutte le parti che avessero firmato questa carta di far parte della difesa nazionale nel caso la città fosse stata attaccata da nemici. Questa costituzione stabilì giustizia, diritti umani, libertà e proibì invece la criminalità e le pratiche immorali.

624 DC

L'inevitabile battaglia di Badr: Quando i musulmani migrarono da Mecca a Medina, molti di loro furono forzati ad abbandonare le loro case e vennero confiscate le loro proprietà.

Area di Badr

Così quando i musulmani vennero a conoscenza di una carovana di commercianti appartenente ai capi di Mecca, guidati dal loro nemico Abu Sufyan, che sarebbe passata attraverso una via commerciale vicino a Medina, decisero di assalirla e tenersi le ricchezze che conteneva in cambio di quelle che erano state confiscate loro a Mecca. 313 musulmani si occuparono della missione.

I meccani chiesero ad Abu Sufyan di cambiare percorso per mettersi in salvo ed inviarono un esercito di 950 soldati per combattere la forza musulmana che era meno equipaggiata e più debole dell'esercito meccano.

Sorprendentemente e inaspettatamente i musulmani vinsero la loro prima battaglia contro i capi meccani e molti di questi ultimi furono uccisi.

625 DC

I capi meccani attaccano nella battaglia di Uhud: Per rappresaglia della loro perdite di Badr, e per paura di perdere il loro ruolo di leadership nella penisola arabica, i capi di Mecca con altre alleanze arabe, inviarono un esercito di 3000 soldati per attaccare i musulmani nella montagna di Uhud a nord di Madinah.

Vista di Uhud- Medina - Arabia Saudita

I musulmani però persero questa battaglia e Muhammad rimase ferito, ma almeno fu salva la sua vita. Purtroppo invece numerosi suoi compagni furono uccisi incluso Hamza, il suo amatissimo zio paterno e suo protettore.

I martiri della battaglia di Uhud, al cimitero di Uhud - Medina

626 DC

I meccani e le altre tribù attaccano nella battaglia della Trincea: Nella battaglia precedente non erano riusciti ad uccidere Muhammad, perciò i capi di Mecca assieme ad altre tribù arabe ed ebraiche unirono i loro sforzi per assalirlo e distruggere la comunità musulmana. Questa battaglia si chiama anche "la battaglia degli alleati".

10.000 soldati marciarono verso Medina. Appena saputo e dopo aver consultato i suoi compagni, Muhammad decise di costruire un fossato all'accesso nord di Medina (5,5 km di lunghezza 4,6 m di larghezza) come gli suggerì un musulmano persiano di nome Salman.

I musulmani erano in una situazione difficile e pensarono a nuove strategie psicologiche per difendersi. Dopo un assedio durato un mese l'esercito pagano divenne impaziente e insofferente, così durante una tempesta di vento le confederate nemiche disfarono le tende e si ritirarono accettando la sconfitta.

627 DC

10-Anni di Tregua

Il trattato di Hudaybiya, una tregua per 10 anni: Un anno dopo la battaglia della Trincea, Muhammad prese l'iniziativa pacifica di eseguire un'Umrah (visita alla Kaaba, la casa di Dio), perché visitare la Kaaba per motivi di adorazione era un diritto che Mecca aveva concesso a tutta la gente dell'Arabia da secoli.

Fu una sorpresa per i capi meccani vedere Muhammad avvicinarsi a Mecca con 1400 civili.

Dopo diverse negoziazioni, fu stipulata una tregua tra i leader meccani e Muhammad per la durata di 10 anni: i musulmani non vennero attaccati, ma dovettero ritornare alle loro case e fu loro concesso di poter tornare a Mecca per il pellegrinaggio solo l'anno successivo. L'armistizio prevedeva molte altre condizioni che però favorivano di gran lunga i meccani.

628- 629 DC

Il messaggio di Dio, dentro e fuori la Penisola Arabica: L'armistizio fu per Muhammad un'occasione d'oro per la trasmissione del Messaggio e per parlare liberamente alle persone dell'Islam senza essere bloccato o interrotto da altre forze esterne.

Muhammad inviò delle delegazioni alle altre tribù arabe in Arabia e scrisse più di 14 lettere ai regnanti ed ai re nelle zone limitrofe, oltre alle superpotenze come la Persia, Bisanzio e l'Egitto, invitandoli ad accogliere l'Islam come "il messaggio di Dio". Il numero dei musulmani crebbe tanto perché riconoscevano l'islam come Verità.

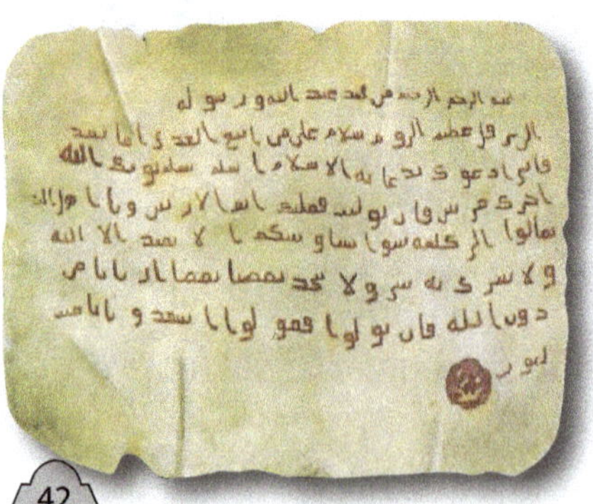

630 DC

La pace a Mecca: In meno di due anni la tregua fu interrotta dai meccani che uccisero 20 musulmani.

Così risposta a quest'azione imprevista, Muhammad organizzò una marcia di 10000 musulmani per conquistare Mecca, ma chiese loro di non attaccare per primi, bensì solo per difendersi e rispondere all'attacco eventuale ricevuto.[7]

I capi meccani erano imbarazzati e impreparati a questo combattimento. Quando Muhammad arrivò a Mecca si rivolse a tutto il popolo confermando l'Unicità di Dio, lodandoLo e ricordando alla gente che tutti loro erano discendenti di Adamo che a sua volta fu creato dal fango. Quando poi chiese alle gente di Mecca "Come vi aspettate che mi comporti io con voi"? essi risposero: "Ci auguriamo meglio possibile perché sei sempre stato un gentile fratello e un cugino educato".

Un perdono esemplare: Nonostante le avversità e i disagi che i politeisti avevano causato loro durante 21 anni, Muhammad si comportò con la sua famosa e usuale eccelsa moralità. Rispose: "Da oggi non abbiate più paura. Lasciate quindi (le vostre case dove si erano barricati per paura), siete liberi". Il discorso di Muhammad fu accolto con gioia e numerose persone vennero da lui facendo la testimonianza di Fede e abbracciarono l'Islam.

(Sunan Al-Bayhaqi, 9/118, 18342, 18343)

630 - 631 DC

Le tribù arabe abbracciano l'Islam: Dopo la pace che regnò a Mecca, diverse delegazioni provenienti da tutta l'Arabia giunsero per conoscere l'Islam e poi abbracciarlo, ad eccezione della tribù di Hawazen che combatté i musulmani, perdendo durante la battaglia di Hunayn. Muhammad intanto invitò i suoi compagni nelle varie province dell'Arabia a diffondere gli insegnamenti del messaggio di Dio.

Muhammad a quel punto distrusse tutti gli idoli dentro e intorno alla Kaaba (la casa di Dio) che è stata eretta dal Profeta Abramo (pace su di lui), per glorificare Dio (Il Creatore dell'universo e di tutti gli esseri).

Biografia

632 DC

Il discorso di addio del Profeta: La missione di Muhammad si era completata e la sua vita era vicina alla fine. Nell'anno 632 DC, eseguì il pellegrinaggio facendo il suo ultimo sermone a più di 100.000 persone.

Ricordò gli elementi basilari dell'Islam, il Credo nell'unicità di Dio, la dignità della vita, il benessere e la proprietà, l'uguaglianza tra tutte le razze, il ruolo della giustizia, i diritti e i doveri delle donne, lo sfruttamento e il monopolio, le moralità e i diritti dei non musulmani.

La morte del Profeta ﷺ

Il Profeta Muhammad morì nella sua casa a Medina nell'anno 632 DC. Non lasciò soldi o ricchezze che non aveva, ma il messaggio della fede pura, che tutt'ora illumina i cuori di milioni di persone nel mondo grazie alla luce di Dio.

Sbagliare è umano, perdonare è Divino-Alexander Pope

Montagne a Mecca – Arabia Saudita

Vista panoramica dal monte Nur, dove si trova la caverna di Hira - Mecca

Vista aerea della moschea sacra – Mecca – Arabia Saudita

Vista aerea della Mecca , Arabia Saudita inclusa la Sacra Moschea (Al-Masjid Al-Haram)

Monte Noor - Mecca - Arabia Saudita

Caverna di Hira

Caverna di Thawr, la caverna dove Muhammad e il suo compagno Abu Bakr hanno passato tre notti all'inizio della emigrazione verso Medina.

La Moschea di Qubaa: la prima moschea nell'Islam,
8 km a sud della moschea del Profeta, Medina- KSA

La Moschea di Qubaa – Madina - KSA

Vista aerea della città di Badr

Area dove l'esercito dei Quraish si accampò

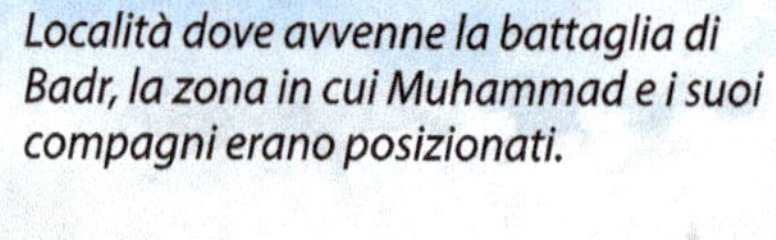

Località dove avvenne la battaglia di Badr, la zona in cui Muhammad e i suoi compagni erano posizionati.

Area della battaglia di Badr

Vista panoramica, Montagna di Uhud

Area della battaglia di Uhud, la montagna rocciosa e il cimitero dei martiri. Più di 70 compagni di Muhammad oltre al suo amato zio Hamza furono seppelliti qui.

Trench Battle
Mount of Uhud
Waqem Harra (Volcanic Area)
Location of the trench
Silaa Mount
Madinah City
Wabra Harra (Volcanic Area)

Immagine della città di Medina, dove viene indicata la moschea del Profeta circondata da case e da alberi di palma. (Foto di: Centro Medina degli Studi e delle Ricerche, Arabia Saudita).

Lo sviluppo della moschea Profeta

Tra i profeti di Dio conosciuti, Muhammad è l'unico profeta il cui luogo di sepoltura è identificato con precisione e i cui seguaci possono essere certi dell'esatta posizione della sua tomba. Muhammad è stato sepolto nella sua casa che è attaccata alla sua moschea "La Moschea Nabawi" a Medina. Questa foto mostra il lato dell'edificio della moschea, dove le persone possono entrare a vedere la tomba del Profeta Muhammad e la sua casa.

A piedi alla tomba del Profeta

La tomba del Profeta Muhammad nella mosche del Profeta – vicino ci sono le tombe del primo califfo e regnante dello Stato Islamico Abu Bakr Al Siddiq e il secondo califfo Omar Bin Al Khattab.

Al-Masjid Al-Nabawi Al-Sharif (Moschea del Profeta). Foto Noushad Ali

NOTE

1 Secondo alcune narrazioni e calcoli Muhammad era nato nell'anno 571 DC.

2 Alcuni narratori ci riportano che il matrimonio di Muhammad e Khadija durò 24 anni e qualche mese.

3 Il vero ed autentico Corano che è stato rivelato a Muhammad è quello in lingua araba. Tuttavia ci sono molte traduzioni del significato dei versetti del Corano in diverse lingue dall'inglese, al francese, al cinese ecc. I versetti riportati in questa guida tascabile sono presi da una traduzione in lingua italiana menzionata nelle note (dalla traduzione di Hamza Roberto Piccardo).

4 Muhammad subì un duro attacco a Taif, e proprio in quel posto, ebbe una delle sue esperienze peggiori. Quando lasciò Taif era molto amareggiato. I narratori ci riportano che invocò Dio con una meravigliosa supplica (si trova alla pagina seguente).

5 La moschea del "Patto di Aqaba": il Califfo Abasside Abu Jaafar Al Manssour stabilì lo stesso patto che fece Muhammad con i nuovi musulmani di Medina quando abbracciarono l'Islam.

6 Una piccola comunità musulmana rimase a Mecca perché non riuscirono ad emigrare a Medina.

7 Il calendario islamico inizia dalla data che Muhammad emigrò da Mecca a Medina (approssimativamente il 13 settembre del 622 DC. Il rientro a Mecca e la conquista pacifica successe l'8 gennaio del 630 DC).

Invocazione di Muhammad a Dio

O Dio perdona la mia debolezza, la mia impotenza, donami l'umiltà.

Tu sei il più misericordioso dei misericordiosi. Tu sei il Signore dei deboli. E Tu sei il mio Signore.

A chi se non a Te debbo fare affidamento? A coloro che mi maltrattano ? Oppure a coloro che mi disprezzano ? Al nemico al quale ho ceduto per debolezza?

Se Tu non sei adirato nei miei confronti, nient'altro per me ha importanza.

Io chiedo rifugio nella Tua Luce che illumina l' oscurità e ordina questo mondo e quello futuro.

Il benessere che Mi concedi è motivo per me per temerTi e compiacerTi.

Continuerò a ritornare da Te supplicante finché non avrò guadagnato il Tuo perdono.

Capitolo

4

La Profezia

Calligrafie arabe dell'artista giaponese Nobuko Sagawa, significa in italiano: "Non ti abbiamo mandato se non come nunzio ed ammonitore per tutta l'umanità." *[Vers. 28 Sura 34]*

Monte Noor - Mecca - Arabia Saudita

Muhammad e la profezia

Muhammad non sapeva che sarebbe divenuto un Profeta: Egli aveva avuto una vita corretta ma semplice. Era conosciuto per la sua fedeltà, integrità ed onestà. Non aveva mai adorato gli idoli in una società politeista dove l'idolatria era molto diffusa.

Aveva sempre creduto che l'intero universo fosse creato e controllato da un unico Dio. Adorava Dio, spesso ritirandosi in una caverna (a 634 metri sopra il livello del mare) in un monte a 4 km ad est di Mecca.

La caverna è conosciuta come caverna di Hira presso la montagna di Hira; chiamata anche Nur (luce) perché Muhammad ricevette la rivelazione da Dio, mentre si era ritirato a pregarLo.

Leggi !

Caverna di Hira

Non era un'illusione né un sogno: Quando Muhammad compì 40 anni, divennero frequenti i suoi ritiri spirituali nella caverna del monte Hira. Nel mese di Ramadan (il nono mese del calendario lunare, nel 610 DC) l'Arcangelo Gabriele gli apparve per la prima volta mentre era nella grotta e gli disse : "Leggi". Muhammad si spaventò.

Muhammad l'illetterato si spaventò poiché non sapeva leggere. L'Arcangelo Gabriele ripeté l'ordine altre due volte e poi recito il seguente versetto suggerito da Dio:

> *"Leggi! In nome del tuo Signore che ha creato, ha creato l'uomo da un'aderenza. Leggi, ché il tuo Signore è il Generosissimo, Colui Che ha insegnato mediante il calamo, che ha insegnato all'uomo quello che non sapeva!"*
>
> corano, Vers. 1-5, Sura 96

Dopo questo breve incontro l'Arcangelo Gabriele sparì.

Terrorizzato scappò dalla caverna: Muhammad impaurito, corse subito a casa tremando. Raccontò a sua moglie cosa era successo e le chiese di coprirlo per smettere di tremare. Khadija cercò di calmarlo e di ricordargli che lui credeva in Dio e che si era ritirato per adorarLo. Gli disse anche che Dio non avrebbe permesso ai demoni di toccarlo, perché era un uomo che si comportava sempre molto bene e manteneva buone relazioni con i parenti, aiutava i poveri si prodigava con la carità.

Una rivelazione divina o sussurri satanici? Muhammad temeva di essere impossessato da un demone, così andò con sua moglie Khadija da un pastore Waraqa Bin Nawfal, un suo parente cristiano molto colto e molto religioso, per raccontargli tutta la storia. L'anziano saggio gli predisse che sarebbe diventato un profeta, assicurandogli che ciò che aveva vissuto era una rivelazione divina simile a quella che era avvenuta con Mosè profeta dei figli d'Israele. Gli predisse anche che sarebbe stato ostacolato da tanti ed anche dalla sua stessa tribù.

Tu sei il messaggero di Dio: Muhammad ebbe bisogno di riprendersi, rimase a casa e non tornò nella grotta. Dopo diversi giorni l'arcangelo Gabriele ritornò da lui e lo informò che sarebbe diventato il messaggero di Allah, il Signore di tutte le creature e gli recitò i seguenti versetti per conto di Allah (Gloria a Lui):

> *"O tu che sei avvolto nel mantello, alzati e ammonisci, e il tuo Signore magnifica, e le tue vesti purifica, allontanati dall'abiezione. Non dar nulla sperando di ricevere di più, ma sopporta con pazienza per il tuo Signore"*
>
> Corano, Vers. 1-7, Sura 74

L'Arcangelo Gabriele continuò a parlare a Muhammad per un periodo di 23 anni durante il quale gli rivelò l'intero Sacro Corano (la parola e legge di Dio) in modo che potesse poi trasmettere il messaggio all'umanità.

Diffonde i comandamenti di Dio al suo popolo: Muhammad agì sulla base della rivelazione che aveva ricevuto nel 610 DC. Invitò tutta la sua gente e poi l'intera Arabia a credere in un unico Dio (Allah) ed obbedire ai Suoi comandamenti, prestabiliti per il benessere dell'intera umanità.

Da cosa è composto il "Messaggio"? Il messaggio dell'Islam è basato sull'Aqida (Il credo): ovvero credere nell'unicità di Dio, il Creatore di tutti gli esseri e sulla Shari'a (la legge divina), ovvero un sistema di regole che governano le attività, le transazione e tutte le pratiche della vita di tutti i giorni.

Fede e Legge

La Shari'aa si divide in tre rami: (1) L'adorazione: le pratiche religiose e gli atti di culto come la preghiera, il digiuno, le invocazioni, l'imposta per i bisognosi, ecc. (2) La morale: il buon comportamento, le buone maniere e i valori come l'onestà, la sincerità, la fedeltà, l'amore, la cooperazione ecc. (3) Gli aspetti quotidiani della vita e i rapporto con gli altri (diritto civile islamico): come le regole della giustizia, i diritti delle persone, il commercio ecc.

Nota: Dopo aver ricevuto la rivelazione, Muhammad si concentrò ad insegnare alle persone il monoteismo (aqida) per 13 anni, invece dopo la migrazione a Medina si focalizzò maggiormente nella spiegazione e l'implementazione della Shari'aa.

I Comandamenti di Dio

Di': "Venite,
vi reciterò quello che il vostro Signore vi ha proibito e cioè,
(1) Non associateGli alcunché; (2) Siate buoni con i genitori; (3) Non uccidete i vostri bambini in caso di carestia: il cibo lo provvederemo a voi e a loro; (4) Non avvicinatevi alle cose turpi, siano esse palesi o nascoste (esempio adulterio e corruzione);

(5) E non uccidete nessuno di coloro che Allah ha reso sacri, ecco quello che vi comanda, affinché comprendiate;
(6) Non avvicinatevi, se non per il meglio, ai beni dell'orfano, finché non abbia raggiunto la maggior età;

(7, 8) Riempite la misura e date il peso con giustizia (sia quando vendete che quando comprate e fate transazioni commerciali) non imponiamo a nessuno oltre le sue possibilità;
(9) Quando parlate siate giusti, anche se è coinvolto un parente; (10) Obbedite al patto con Allah. Ecco cosa vi ordina. Forse ve ne ricorderete".

Corano, Vers. 151-152 , Sura 6

Un esempio degli insegnamenti di Muhammad riportati dai suoi compagni in Abissinia: Ja'far bin Abi-Talib si trovava con 80 musulmani in cerca di protezione in Abissinia (l'attuale Etiopia). Di fronte al re dell'Abissinia, a nome di tutti i musulmani disse:

"O Re, eravamo un popolo che viveva nell'ignoranza, (mancanza di conoscenza e consapevolezza), adoravamo gli idoli, mangiavamo le carogne degli animali, commettevamo azioni di abominio, negligendo i nostri parenti, e trattando male i nostri vicini, e permettevamo ai più forti di opprimere i più deboli. Vivevamo così prima che Dio ci inviò un messaggero fra di noi, un uomo la cui origine, onestà, integrità e castità erano ben conosciuti a noi.

Ci invitò ad adorare solo Dio, lasciando tutti quegli idoli e quelle pietre che eravamo abituati a venerare come fecero i nostri antenati. Ci istruì ad essere sinceri nelle nostre parole, adempiere alle nostre promesse, e rispettare i legami di parentela, proibendoci di commettere azioni abominevoli.

Abbiamo dunque creduto in lui, seguendo il messaggio che ha ricevuto da Dio. Nonostante tutto le persone ci hanno denunciati e torturati, facendo di tutto per allontanarci dalla nostra religione. Hanno continuato ad opprimerci, per questo siamo venuti qui nella tua terra, scegliendoti tra tutti gli altri per chiederti di proteggerci e di trattarci con imparzialità

Un re cristiano ha riconosciuto l'Islam: Dopo aver finito il suo discorso, il re dell'Abissinia (che era un re religioso e una persona timorata di Dio) chiese a Ja'far di recitare qualcosa del Libro rivelato a Muhammad. Ja'far recitò alcuni versetti del capitolo "Maria" del Sacro Corano tanto che il Re pianse e la sua barba si bagnò di lacrime.

Moschea di Negash – Etiopia

Il Re allora disse:

> "Il messaggio portato da Muhammad e quello trasmesso da Gesù provengono da un'unica fonte".

SULL'ISLAM

L'Islam in parole semplici

Courtesy of Abdul Aziz Al Rashidi

"Islam" significa sottomissione e devozione a un Dio unico. E 'una religione monoteista in cui gli aderenti all'Islam credono che Dio è uno e incomparabile. Lui non ha partner o figli. Egli non genera né è stato generato (non fa nascere né è nato). Egli ha creato l'intero universo e tutti gli esseri. Nessuno condivide con Lui la Sua divinità e nessuno ha il diritto di essere adorato o pregato se non Lui solo.

Qual è il nome di Dio?

Il suo nome è "Allah". Allah si pronuncia con la vocale lunga "a". Dio ha molti attributi e aggettivi. Nell'Islam ci sono novantanove "bei nomi" riconosciuti e attributi per Allah. Per esempio Dio è "il più misericordioso" e "sapiente". Nessuno può essere più misericordioso di Lui e nessuno può essere più consapevole di Lui.

English	Arabic	Hebrew	Aramaic
God	Elah	Eloha	Elaha

Egli è Allah (Dio), Colui all'infuori del Quale non c'è altro dio, il Conoscitore dell'invisibile e del palese. Egli è il Compassionevole, il Misericordioso;

Egli è Allah. Colui all'infuori del Quale non c'è altro dio, il Re, il Santo, la Pace, il Fedele, il Custode, l'Eccelso, Colui Che costringe al Suo volere, Colui Che è cosciente della Sua grandezza. Gloria ad Allah, ben aldilà di quanto Gli associano.

Egli è Allah, il Creatore, Colui che dà inizio a tutte le cose, Colui Che dà la forma a tutte le cose. A Lui [appartengono] i nomi più belli. Tutto ciò che è nei cieli e sulla terra rende gloria a Lui. Egli è l'Eccelso, il Saggio.

Sura 59, vv.22-23-24

Essere nella retta via

Muhammad e l'Islam: Quando un uomo chiese a Muhammad di spiegare l'Islam in parole semplici così da non dover chiedere alcun chiarimento ulteriore da nessun altro, Muhammad disse concisamente:

"Dì: Io credo in Allah (il Dio unico) e poi sii retto".

"Abbracciare la fede islamica richiede di seguire uno stile di vita equilibrato, senza deviazioni estremiste in azioni; detti o atti. "

L'Islam e la pace: Linguisticamente la parola "Islam" in arabo deriva dalla radice "salema", che significa "libero dal danno" ed è legato alla parola "Salaam", che significa pace.

Il Profeta Muhammad ha definito il musulmano come "colui da cui le altre persone sono al sicuro da danni provenienti dalla sua lingua e dalle sue mani ", ovvero: le persone non ricevono alcun danno dalle sue azioni e dalle sue parole

Nell'Islam, "La Pace" è uno dei nomi magnifici e degli attributi di Dio (Allah). Chi si sottomette ad Allah dovrebbe trovare la pace interiore dentro di lui /se stesso e dovrebbe essere in pace con l'ambiente e con le persone.

E' interessante sapere che in una società musulmana, le persone si salutano l'un l'altra con la parola "Assalamo Alaykom" che significa "La pace sia su di voi" invece delle parole "Hi" o "Ciao". La versione completa di questa dichiarazione è: "la pace sia su di voi così come la misericordia e la benedizione di Allah".

Musulmani o maomettani? A differenza dei seguaci di altre religioni, i seguaci di Muhammad non sono chiamati Maomettani. Un aderente all'Islam o chi lo abbraccia come una fede e un modo di vita, è chiamato "musulmano", ovvero, colui che ha creduto in un Dio unico e si è sottoposto a Lui.

I sei elementi del credo islamico: La fede in un Dio unico richiede la fede nei suoi Angeli, nei Suoi Libri, nei Suoi Messaggeri così come la fede nel Giorno del Giudizio e la fede nella Predestinazione decisa da Dio.

Pilastri dell'Islam, praticare la fede islamica

La religione islamica si basa su cinque pilastri che un musulmano deve praticare

1	**Shahadah**	Proferire (pronunciando verbalmente) il credo dell'Islam (non c'è altro Dio che Allah e Muhammad è un messaggero di Allah)
2	**Salat**	Esecuzione delle preghiere quotidiane prescritte
3	**Siyam**	digiuno nel mese lunare di Ramadan
4	**Zakat**	Pagare l'elemosina come beneficenza una volta l'anno
5	**Hajj**	Pellegrinaggio alla Sacra Moschea (la Casa di Dio) alla Mecca una volta nella vita per coloro che nel hanno la possibilità fisicamente e finanziariamente.

1 – Pronunciare il Credo dell'Islam, la Shahadah (la testimonianza di fede)

Questo è riconoscere che c'è uno e un solo Dio da adorare. Egli ha creato l'universo e tutti gli esseri. Il Suo nome è Allah, e Muhammad è il suo messaggero.

Si dice che una persona è musulmana quando lui o lei crede nel cuore e pronuncia (riconosce verbalmente) la dichiarazione della Shahadah "non c'è altro dio che Allah e Muhammad è il messaggero di Allah". (In arabo si scrive Ashhadu an la Ilaaha illa Llah, Wa Ashhadu anna Muhammadan rasuulu LAllah).

Riconoscere Muhammad come un profeta e un messaggero di Dio richiede il riconoscimento di tutti i Profeti e i messaggeri che Dio ha mandato prima di lui.

Si tratta di una testimonianza in calligrafia araba che è stato progettata in modo artistico. Essa afferma: "Attesto che non c'è altro Dio se non Allah e Muhammad è il Suo servo e il Suo Messaggero"

2- Preghiera rituale (Salat)nell'Islam è un atto di culto che consente all'individuo di giungere intimamente vicino a Dio. Nell'Islam ci sono cinque preghiere prescritte al giorno, che sono distribuite durante tutto il ciclo della giornata. L'essenza del culto è di glorificare, esaltare e lodare Dio con il cuore, con la lingua e con il corpo.

Islam.. la fede in azione

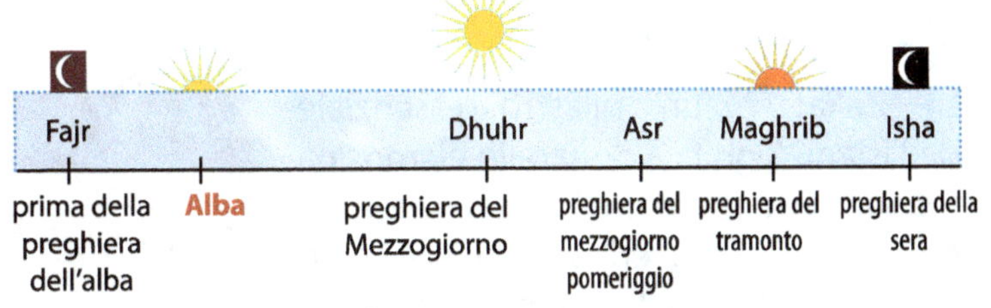

> *"Quando i Miei servi ti chiedono di Me [O Muhammad], – ebbene Io sono vicino. Rispondo all'appello di chi Mi invoca. Procurino dunque di rispondere al Mio richiamo e credano in Me, e sì che possano essere guidati.*
>
> Il Santo Corano, Versetto 186, Sura 2

forte meditazione

In realtà, la parola 'salat' significa letteralmente 'collegamento caloroso'. È una dimostrazione pratica della fede. Ogni preghiera comprende movimenti fisici con inchini e prostrazioni ad Allah. La preghiera mostra progressivamente livelli crescenti di sottomissione ad Allah. Si richiede piena concentrazione e isolamento dalle questioni terrene. Il Profeta Muhammad ha detto che "Il momento in cui una persona è più vicina ad Allah è durante la prostrazione ".

Pregare cinque volte al giorno può sembrare eccessivo ad alcune persone. In realtà, si tratta di un tipo di meditazione che non richiede più di 40 minuti al giorno. Proprio come si mangia tre o quattro volte al giorno e non ci lamentiamo perché abbiamo bisogno di nutrimento fisico per sopravvivere, abbiamo anche bisogno nutrimento spirituale per la nostra anima. La Salat ad intervalli distanziati per tutto il giorno fornisce tale nutrimento spirituale.

3 - Zakat, donazione delle elemosine

La Zakat è un pilastro essenziale dell'Islam. Significa donare in elemosina (pagamento per beneficenza) una volta ogni l'anno ai poveri, ai bisognosi e ad altri legittimi beneficiari, come previsto dal Corano. Viene specificato con (2,5%) della ricchezza personale in eccesso.

La Zakat purifica il cuore dall'avidità e rimuove l'odio e la gelosia dal cuore dei poveri. Favorisce l'integrazione sociale e la collaborazione, la compassione e il rispetto. Migliora il benessere di tutta la società e realizza la giustizia sociale.

4 - Il digiuno nel mese di Ramadan

I musulmani sono tenuti a digiunare per tutto il mese lunare di Ramadan (29 o 30 giorni), dal sorgere dell'alba al tramonto. Durante il tempo del digiuno, i musulmani devono astenersi dal mangiare, dal bere da ogni contatto sessuale, mentre praticano una vita normale. Il digiuno per amore di Allah, aiuta a riconoscere che il sostentamento (che può essere dato per scontato) in realtà proviene direttamente da Allah.

Quando le persone sentono i morsi della fame, sperimentano le sofferenze di cui patiscono le persone bisognose specialmente nelle aree del mondo in cui si muore di fame o dove manca il sostentamento di base. I ricchi saranno più inclini a dare la carità quando digiunano. Questo crea una relazione tra ricchi e poveri e aiuta a costruire l'armonia sociale.

Il digiuno permette di frenare i desideri interiori, imparare l'autocontrollo, e quindi raggiunge un migliore sviluppo spirituale. Il digiuno ha molti benefici per la salute e i medici lo consigliano per curare alcune malattie.

Lunar Months	
1	Muharram
2	Safar
3	Rabi' Al-Awal
4	Rabi' Al-thani
5	Jumada Al-Ula
6	Jumada Al-Thani
7	Rajab
8	Sha'ban
9	**Ramadan**
10	Shawwal
11	Thul Qi'da
12	**Thul Hijjah**

5 - Pellegrinaggio alla Mecca, l'Hajj

Il Hajj è il pellegrinaggio alla Mecca nel mese lunare di Thul Hijjah con l'intenzione di visitare la Sacra Moschea (Casa di Allah) e svolgere determinati riti religiosi. E' il quinto pilastro dell'Islam che deve essere eseguito una volta nella vita da tutti i musulmani (che hanno raggiunto l'età della pubertà) considerato che abbiano le capacità economiche e fisiche per eseguirlo.

Quando le persone di tutte le razze e nazioni si riuniscono presso l'epicentro spirituale del mondo islamico, vanno affermando la loro ascendenza paterna comune con Adamo e la loro ascendenza spirituale con Abramo.

Un Dio.. Un Messaggio

I profeti e i messaggeri di Dio nel Sacro Corano

L'Islam riconosce tutti i profeti e messaggeri inviati da Dio, venuti prima di Muhammad per guidare l'umanità. Allah inviò questi messaggeri, per proteggere le persone dal seguire una strada sbagliata, insegnando loro la morale ed educandoli all'obiettivo della vita.

Tutti confermano un solo messaggio, "il monoteismo", ovvero credere nel-l'esistenza di Dio e nella Sua Unicità. Egli (Allah) creò tutti gli esseri viventi e li benedì con la Sua misericordia. Solo Lui possiede gli attributi della perfezione e non divide la Sua Signoria e Divinità con nessun'altro.

Il Santo Corano menziona 25 profeti e messaggeri con i loro nomi propri e narra le vite di alcuni di questi. Per esempio Adamo è menzionato 25 volte, Noé è menzionato 43 volte, Abramo è menzionato 69 volte, Mosé 136 volte, Davide 16 volte, Gesù 25 volte e Muhammad è menzionato 4 volte.

Muhamamd disse: "Nei confronti dei Profeti miei predecessori, sono come un mattone mancante da una casa che qualcuno ha costruito e rifinito. I visitatori contemplando la bellezza dell'edificio direbbero: "Che casa meravigliosa sarebbe se ci fosse quel mattone". Io sono quel mattone! E sono l'ultimo dei Profeti ". (Bukhari 4.734, 4.735)

Già inviammo dei messaggeri prima di te. Di alcuni ti abbiamo raccontato la storia, di altri non te l'abbiamo raccontata. Un messaggero non può recare un segno se non con il permesso di Allah. Quando giunge l'ordine di Allah, tutto è deciso con equità e coloro che proferiscono menzogne saranno i perdenti.

Corano, Vers. 78, Sura 40

Dite: Crediamo in Allah e in quello che è stato fatto scendere su di noi e in quello che è stato fatto scendere su Abramo, Ismaele, Isacco, Giacobbe e sulle Tribù, e in quello che è stato dato a Mosè e a Gesù e in tutto quello che è stato dato ai Profeti da parte del loro Signore, non facciamo differenza alcuna tra di loro e a Lui siamo sottomessi.

Corano, Vers. 136, Sura 2

La Torah, il Vangelo e il Corano sono le rivelazioni di Allah all'umanità: Credere nei Libri rivelati prima del Corano è un pilastro fondamentale della fede islamica. I musulmani credono che il Santo Corano non contraddica le rivelazioni precedenti ma le sottolinei, e corregga le deviazioni che ci furono nel corso della storia dell'umanità.

Facemmo scendere la Torâh, fonte di guida e di luce

Corano, Vers. 44, Sura 5

Facemmo camminare sulle loro orme Gesù, figlio di Maria, per confermare la Torâh che scese prima di lui. Gli demmo il Vangelo, in cui è guida e luce, a conferma della Torâh, che era scesa precedentemente: monito e direzione per i timorati.

Corano, Vers. 46, Sura 5

E su di te abbiamo fatto scendere il Libro con la Verità, a conferma della Scrittura che era scesa in precedenza e lo abbiamo preservato da ogni alterazione.

Corano, Vers. 48, Sura 5

Essi sono coloro che Allah ha colmato [della Sua grazia] tra i profeti discendenti di Adamo, tra coloro che portammo con Noè, tra i discendenti di Abramo e di Israele e tra coloro che abbiamo guidato e scelto. Quando venivano recitati loro i segni del Compassionevole, cadevano in prosternazione, piangendo.

Corano, Vers. 58, Sura 19

Tabella1: La vita di alcuni profeti

Profeta	**Muhammad**	**Gesù**	**Mosè**	**Abramo**
Periodo (apross.)	570 - 632 DC	1-33 DC	circa 1400 AC	circa 1700 AC
Anni (appross.)	63	33	120	175

Muhammad ﷺ e Abramo عليه السلام

Abramo è considerato il padre dei Profeti ebraici, cristiani e musulmani e molti dei profeti conosciuti provengono dalla sua stirpe. I musulmani attestano che il profeta Muhammad sia suo discendente da parte della stirpe del figlio Ismaele che era il padre delle tribù arabe. Dall'altra parte la nazione dei figli d'Israele come molti altri profeti, Giacobbe, Giuseppe, Mosè, Davide, e Salomone provengono dal secondo figlio Isacco.

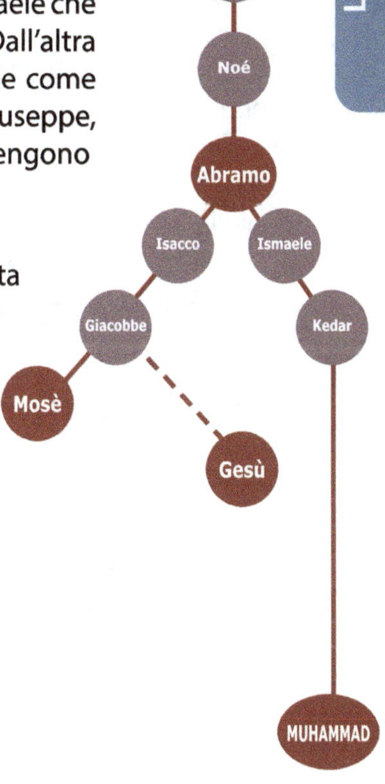

Abramo dedicò tutta la vita per insegnare alle persone il monoteismo. Il Sacro Corano menziona numerose volte Abramo indicando i suoi sforzi nella ricerca della verità e riconoscendo la verità dell'unicità di Dio "l'unica divinità". Abramo provò la sua sincerità e onestà, ringraziando e obbedendo a Dio. Egli fu uno degli esempi più grandi e memorabili nella storia sulla sottomissione a Dio unico nelle situazioni più difficili.

Chi [potrebbe scegliere] religione migliore di colui che sottomette ad Allah il suo volto, opera il bene e segue sinceramente la religione di Abramo il sincero? Allah prese Abramo per amico.

Corano, Vers. 125, Sura 4

Un Dio

Era un uomo sincero che mostrò un'esemplare di obbedienza a Dio, perciò nel Corano Allah nominò Abramo come "amico", uno delle persone più rette nella vita terrena e eletto nell'aldilà (Vers. 125, Sura 4, Vers. 130, Sura 2). Egli lo guidò verso la giusta religione rendendolo un "Imam" (guida retta per le persone) (Vers. 124, Sura 2) e descrivendolo come una nazione di credenti (Vers. 120, Sura16).

Abramo è conosciuto per aver dato il nome ai "musulmani" (ovvero coloro che credono in un unico Dio e che si sottomettono a Lui), (Vers. 78, Sura 22).

"Abramo non era né giudeo, né nazareno,
ma puro credente e musulmano.
E non era uno degli associatori"

Corano, Vers. 67, Sura 3

Nota: L'origine del nome "Abramo" è Abram o Avram e si legge e si pronuncia in arabo "Ibrahim". La chiesa romana cattolica chiama Abramo "il padre della fede". La chiesa ortodossa orientale lo commemora come "l'antenato pio Abramo".

La tradizione ci insegna che la prima casa dove venne adorato Dio fu inizialmente stabilita da Adamo, il primo a risiedere sulla terra. L'Islam insegna che Dio ha poi ordinato ad Abramo e suo figlio Ismael di erigere le mura della casa chiamata "Kaaba" (un edifico a forma cubica) purificandola per coloro che pregano, meditano e si prosternano a Dio. Il posto dove Abramo si fermò a pregare fu la Mecca, e Dio lo rese un posto per tutta l'umanità, un "santuario" e un luogo di adorazione. "E quando facemmo della Casa un luogo di riunione e un rifugio per gli uomini. Prendete come luogo di culto quello in cui Abramo ristette!" (Vers. 125, Sura 2).

L'invocazione di Abramo e Ismaele

"O Signor nostro, fai di noi dei musulmani e della nostra discendenza una comunità musulmana. Mostraci i riti e accetta il nostro pentimento. In verità Tu sei il Perdonatore, il Misericordioso!"

Corano, Vers. 128, sura 2

La Moschea Sacra (Al Masjid Al Haram) della Mekka - Arabia Saudita. È la moschea più sacra nell'Islam. La costruzione nera è la Kaaba. Allah Ha ordinato ad Abramo di erigere la Kaaba per glorificaLo e adorarLo. Quando i musulmani pregano Dio, (da tutte le parti del mondo) si orientano nella direzione della Kaaba.

Il Profeta Muhammad (psbl) ci ha informato che la preghiera nella Sacra Moschea ha una immensa ricompensa. Una sola preghiera equivale a 100.000 preghiere.

Hajj

Ogni anno più di tre milioni di musulmani si recano in pellegrinaggio "Hajj" nella moschea a Mecca in Arabia Saudita. Questo è il quinto pilastro dell'Islam che dovrebbe essere eseguito almeno una volta nella vita da coloro che ne abbiano le capacità economiche e fisiche.

Muhammad insegnò alle persone come compiere il pellegrinaggio, il "Hajj" che contiene in sé molti dei riti abramitici. Egli girò intorno alla Kaaba ovvero quella costruzione cubica stabilita da Abramo come la casa di Allah. La circumambulazione deve essere eseguita come tramandata dalla tradizione per 7 volte in senso antiorario, una sottomissione di Dio che è in armonia con il moto dei pianeti come quello degli elettroni.

Poi pregò nel luogo in cui Abramo pregò e si prosternò a Dio. Attualmente questo posto si chiama "Maqam Ibrahim" (un teca che contiene la pietra su cui Abramo contemplò la Kaaba appena edificata).

Successivamente camminò avanti e indietro tra le colline di Safa e Marwa, lo stesso posto in cui, migliaia di anni fa, Hagar percorse 7 volte avanti e indietro in cerca di acqua, dopo che il marito Abramo la lasciò con il figlio Ismaele. Abramo le chiese di rimanere in quella zona come un atto di obbedienza e di sottomissione a Dio che volle quel posto divenisse un santuario e luogo di adorazione.

La distanza tra le due colline è approssimativamente di 395m. Questo rito dell'Hajj si chiama Sa'y: una veloce camminata per 7 volte (2,76 km) tra le due colline partendo da Safa e terminando a Marwa. Il Sa'y assomiglia ai movimenti, alle attività, ai viaggi, alle azioni che ogni persona compie durante la sua vita. Queste azioni e gesti devono essere utili, portando con sé valore ai propri obiettivi.

Oltre agli altri riti del Hajj, Muhammad si recò in un luogo attualmente noto come "Jamarat" nella città di Mina, (8 km a est della Mecca). Lì gettò delle pietre, come Abramo fece quando colpì Satana una volta apparso in sembianze di un uomo anziano, quando cercò di persuaderlo a non ubbidire a Dio e non sacrificar Gli suo figlio Ismaele. Abramo lo colpì con le pietre diverse volte. Quando i musulmani compiono questo rito, in effetti sfidano Satana e i desideri maligni che ci sono in ognuno di noi esseri umani.

Infine, dato che Dio ha risparmiato ad Abramo la vita di Ismaele sostituendolo con un montone, Muhammad celebrò questo avvenimento insegnando ai musulmani a sgozzare una pecora o una capra come simbolo del sacrificio di Abramo per donare poi una parte della carne alle persone bisognose.

Muhammad insegnò ai musulmani a dedicare un'invocazione ad Abramo ed alla sua famiglia ogni volta che si effettuano le preghiere giornaliere (che sono cinque). Muhammad chiamò suo figlio che morì a tenera età "Ibrahim".

"Di': "Il Signore mi ha guidato sulla retta via, in una religione giusta, la fede di Abramo, che era un puro credente e non associatore"

Corano, Vers. 161, Sura 6

Abramo fu sepolto a Hebron in Palestina. Questo luogo è considerato un luogo sacro per gli ebrei, i cristiani e i musulmani. Attualmente questo posto si chiama "Al Masjiid Al Ibrahimi" la moschea di Abramo.

L'edificio era inizialmente una larga moschea (a forma rettangolare) con due minareti quadrati. All'interno vi sono diverse stanze e una serie di grotte sotterranee.

La stanza centrale dell'edificio contiene i monumenti sepolcrali di Abramo e Sara. La stanza a Sud (Ohel Yitzhak in ebreo) contiene quelli di Isacco e

Rebecca.
La stanza a nord invece contiene quelli di Giacobbe e Leah. la tradizione dice che le ossa di Abramo, Isacco, Giacobbe, Sarah, Rebecca e Leah siano contenute nelle stanze sotterranee all'edificio.

monumento sepolcrale di Abramo

Note: I musulmani non pregano sulle tombe. Secondo gli insegnamenti islamici non ci devono essere monumenti di alcun genere sulla tomba.

L'uomo Che Parlò con Dio

Muhammad ﷺ e Mosè عليه السلام

Muhammad lodò molto il Profeta Mosé, rivelò che nel Giorno del Giudizio lo vedrà in piedi sorreggere il trono di Dio (Allah). (Sahih Al-Bukhari, 4/157, 3408. 4/159, 3414)

In un'altra occasione, quando Muhammad arrivò a Medina e trovo che gli Ebrei digiunavano il giorno di "Ashura" (quando Dio salvò i Figli di Israele dal Faraone), egli consigliò ai musulmani di digiunare anche loro quel giorno come fece Mosè per ringraziare Dio. (Il giorno di Ashura è il decimo giorno del primo mese del calendario lunare).

Approssimativamente ben un terzo del Corano parla di Mosé e delle situazioni che hanno dovuto affrontare i Figli di Israele. Inoltre il Libro cita diversi profeti che furono inviati per i Figli di Israele come Aronne, Zaccaria e Giovanni.

Il Sacro Corano narra che Dio parlò con Mosé descrivendolo come uno dei cinque messaggeri e profeti che hanno avuto una difficile missione (Ulu Al 'azm) e Dio fece con loro un patto solenne. (corano, Vers. 8, Sura 33): Noé, Abramo, Mosé, Gesù e Muhammad, pace su tutti loro.

Mosè morì vicino al monte Nebo da cui si vede il mar Morto e la Palestina. Un monumento commemorativo fu costruito sul monte, che oggi è un'attrazione per molti turisti in Giordania.

I musulmani vedono molte similitudini tra Mosé e Muhammad. Entrambi,sono messaggeri e profeti, e portarono all'umanità un Libro Divino. Entrambi condussero i loro popoli e vissero con loro per un lungo periodo di tempo. Entrambi furono sposati ed ebbero figli.

Muhammad ﷺ e Gesù عليه السلام

Secondo le autentiche narrazioni Muhammad disse:

> "Io sono il più vicino al popolo del figlio di Maria, tutti i profeti sono fratelli paterni e non c'è nessuna differenza tra me e lui (Gesù)". (Bukhaari, 3285)

La Profezia

Gesù nel Corano

Il Sacro Corano descrive Gesù come "la parola di Dio" e "una lieta novella" giunta a Maria. Il Suo nome è il "Il Messia, Gesù, figlio di Maria". [1]

Dio insufflò in lui lo Spirito Santo (Rouh Al-Qudus) e lo inviò come Messaggero ai Figli di Israele per guidarli verso la retta via ; per adorare Dio "Allah, il suo Dio, il loro Dio e il Dio di tutte le creature" (Corano, Vers. 87, Sura 2 – Vers. 45-49, Sura 3 – Vers. 171, Sura 4).

Nazareth è una città storica in Palestina. È menzionata nel Vangelo come la casa di Maria. Spesso associata all'infanzia di Gesù, secondo la tradizione della chiesa romana l'annunciazione avvenne nella chiesa di Nazareth.

Il sacro Corano descrive Gesù come illustre sia su questa terra che nell'altra vita, uno dei più giusti ed uno di quelli più vicini a Dio.

Ci indica che Dio insegno a Gesù le scritture e la sapienza, la Torah e il Vangelo. Dio lo supportò nella diffusione del vangelo permettendogli di compiere miracoli (curare i ciechi e i lebbrosi, e risuscitare i morti sempre con la volontà di Dio, Gloria a Lui l'Altissimo).

Foto di Betlemme, include la chiesa della Natività: una delle più vecchie chiese del mondo. Si dice che molti cristiani riconoscono come il luogo della nascita di Gesù Cristo.

Gesù ritornerà

I musulmani sanno che Gesù ritornerà. Muhammad disse che il Giorno del Giudizio non arriverà finché Gesù non tornerà sulla terra.

Gesù ritornerà prima della fine del mondo per ristabilire la legge di Dio. Combatterà l'Anticristo, ucciderà il male ed unirà tutti i credenti in Dio (Allah Gloria a Lui l'Altissimo). Sarà un regnante che porterà la pace nel mondo. Ai musulmani è chiesto di credere e aspettare questo straordinario ed importantissimo ritorno di Gesù .

Foto da Damasco: secondo alcune narrazioni, il Profeta Muhammad disse che Gesù scenderà nella zona ad est di Damasco.

L'universalità del "messaggio" trasmesso da Muhammad

I musulmani credono che Muhammad abbia ricevuto lo stesso messaggio inviato in precedenza ad Abramo, Mosè, Gesù e tutti gli altri profeti, ma la sua missione fu di importanza universale. A Lui fu affidato il compito di correggere gli errori degli uomini, riportarli alla vera Fede e insegnare loro a compiere il bene.

> *"Non ti mandammo se non come misericordia per il creato"*
> Corano, Vers. 107, Sura 21

Lettera di Muhammad per l'imperatore romano

Muhammad inviò diverse lettere ai regnanti delle nazioni e superpotenze vicine come la Persia, Bizanzio e l'Egitto invitandoli ad abbracciare il messaggio dell'Islam. Quando Eraclio, il re di Bizanzio ricevette la lettera di Muhammad, egli invitò Abu-Sufian (uno dei principali capi e commercianti di Mecca che soleva recarsi in quella zona) e gli fece alcune domande pregandolo di essere onesto.

Lettera del Profeta Muhammad a Eraclio (nella scrittura araba originale

Eraclio : Qual è la classe sociale da cui proviene Muhammad?

Abu-Sufyan : Proviene da un nobile ceto di Mecca.

Eraclio : Ha mai tradito, rotto una promessa o mentito?

Abu-Sufyan : No.

Heraclius : I suoi seguaci aumentano o diminuiscono? Qualcuno dei suoi seguaci ha lasciato Muhammad perché non era contento di Lui?

Abu-Sufyan : In effetti il numero dei suoi seguaci aumenta e gli vogliono molto bene.

Eraclio : Dunque cosa insegna Muhammad ai suoi seguaci?

Abu-Sufyan : Credere in un unico Dio e nella giustizia sociale.

Eraclio pensò un attimo e disse: se ciò che dici è vero, Muhammad sarà capace di ereditare il mlo regno.

L'imperatore Eraclio regnò l'impero Romano dal 610 al 640 DC, durante questo periodo condusse tre campagne militari combattendo contro l'impero persiano acquisendo cosi la Siria, la Palestina e l'Egitto e la maggior parte del Nord Africa. Nell'anno 642 DC, l'Islam si è diffuso in Persia.

L'Islam, una religione universale: Attualmente l'Islam è la seconda religione più diffusa nel mondo dopo il cristianesimo. Uno studio demografico comprensivo attesta che in più di 200 nazioni ci sono 1,57 bilioni di musulmani di tutte le età che vivono al giorno d'oggi, rappresentando il 23% della popolazione stimata nel 2015 di 6,8 bilioni.

È da notare che non tutti i musulmani sono arabi: Gli arabi musulmani costituiscono meno di un quarto del numero totale dei musulmani nel mondo.

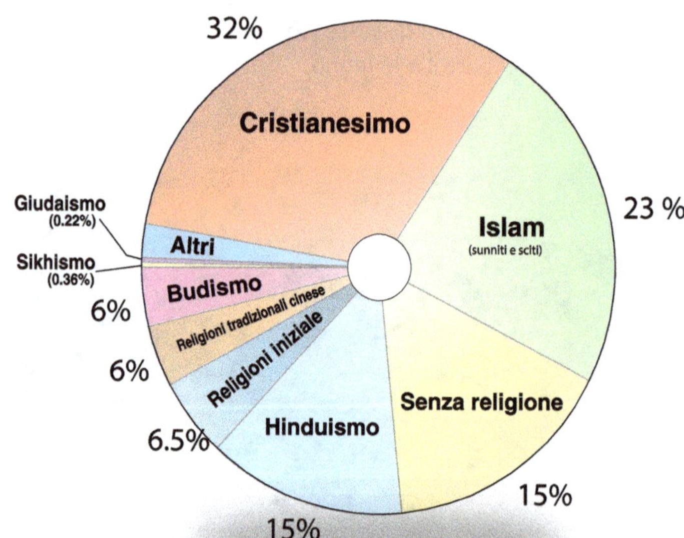

Ci sono approssimativamente 2,1 bilioni di cristiani nel mondo che rappresentano 33% della popolazione mondiale e 1,1 bilioni di non religiosi e atei ovvero il 16% della popolazione mondiale. Gli ebrei sono 0,22 % della popolazione mondiale.

NOTE

Il riassunto della storia di Maria presente nel Sacro Corano, versetti 16-23, Sura 19 "Maria".

> *Ricorda Maria nel Libro,*
> *quando si allontanò dalla sua famiglia, in un luogo ad oriente. Tese una cortina tra sé e gli altri. Le inviammo il Nostro Spirito (Arcangelo Gabriele) che assunse le sembianze di un uomo perfetto.*
>
> *Disse [Maria]: Mi rifugio contro di te presso il Compassionevole, se sei [di Lui] timorato!.*
>
> *Rispose: Non sono altro che un messaggero del tuo Signore, per darti un figlio puro.*
>
> *Disse: "Come potrei avere un figlio, ché mai un uomo mi ha toccata e non sono certo una libertina!?*
>
> *Rispose: È così. Il tuo Signore ha detto: Ciò è facile per Me, Faremo di lui un segno per le genti e una misericordia da parte Nostra. È cosa stabilita.*
>
> *Lo concepì e, in quello stato, si ritirò in un luogo lontano. I dolori del parto la condussero presso il tronco di una palma. Diceva: "Me disgraziata! Fossi morta prima di ciò e fossi già del tutto dimenticata!*

Secondo la storia menzionata nel Sacro Corano, Maria portò suo figlio dal suo popolo che l'aveva incolpata, ma Gesù (il neonato) miracolosamente parlò e disse: versetti 30-35, Sura 19 (Maria):

> *[Ma Gesù] disse: "In verità, sono un servo di Allah. Mi ha dato la Scrittura e ha fatto di me un profeta. Mi ha benedetto ovunque sia e mi ha imposto l'orazione e la decima finché avrò vita, e la bontà verso colei che mi ha generato. Non mi ha fatto né violento, né miserabile. Pace su di me, il giorno in cui sono nato, il giorno in cui morrò e il Giorno in cui sarò resuscitato a nuova vita.*
>
> *Questo è Gesù, figlio di Maria, parola di verità della quale essi . dubitano. Non si addice ad Allah prendersi un figlio. Gloria a Lui! Quando decide qualcosa dice: "Sii!" ed essa è.*

Capitolo 5

Un valore aggiunto

in verità di un'immensa grandezza è il tuo carattere

Corano, Vers. 4, Sura 68

Un valore aggiunto

Sviluppo personale e Leadership

Perfetto equilibrio tra i bisogni del corpo e i bisogni dell'anima: In diverse occasioni, Muhammad invitò le persone a trovare un giusto equilibrio tra il materialismo e la spiritualità. Corpo ed anima hanno dei bisogni che devono essere soddisfatti nel modo lecito e con moderazione. Incoraggiava le persone a considerare la religione come un mezzo per cambiare la vita terrena in meglio facilitandola; la religione non deve essere pensata come strumento che conduce alla privazione, semmai alla salvezza. Muhammad invitava ad amare il proprio corpo e prendersi cura del proprio aspetto e mangiare con moderazione.

Muhammad condannò l'estremismo: Invitò alla vita equilibrata, ai punti di vista moderati e al pensiero razionale. Si narra che 3 persone si recarono a casa sua per chiedergli come dovesse essere la pratica dell'adorazione. Muhammad non era a casa e la moglie spiegò loro come si comportava.

Essi rimasero stupiti perché pensavano secondo la loro conoscenza, che la vita di un Profeta richiedesse totale attenzione alla spiritualità, ignorando completamente i bisogni del corpo.

No
Estremismo

Essi pensavano che, per essere più vicini a Dio, non ci si dovesse sposare, e si dovesse digiunare tutti i giorni e pregare tutta la notte.

Quando Muhammad venne a conoscenza del loro ragionamento, si contrariò e spiegò che lui pregava di notte, ma anche dormiva e riposava come le altre persone. Disse che oltre al digiuno annuale del mese di Ramadan, a volte digiunava e a volte mangiava normalmente. Si sposava e non voleva che le persone rinunciassero al piacere del matrimonio e dei figli. Egli disse:

"Questa è la mia Sunnah" (lo stile di vita che piace a Dio), chi non lo accetta, non è dei nostri".
(Bukhaari, 1184) and (Muslim, 849)

Non amava mettere a disagio le persone: Si narra che ogni volta che Muhammad dovesse prendere una decisione o invitasse qualcuno a prenderla, desse sempre delle alternative, evitando le situazioni che potessero creare disagio e scegliendo le soluzioni più semplici a raggiungere l'obiettivo evitando la scorrettezza o l'illecito.
(Sahih Al-Bukhari, 8/160, 6786. Sahih Muslim, 7/80, 2327)

Semplicità

Per gentile concessione di Calligrapher Wissam Shawkat

La purificazione e l'abluzione

La pulizia e l'igiene personale sono elementi essenziali per la fede islamica. Il versetto 222 del capitolo 2 del Sacro Corano dice che Dio ama chi si purifica.

> *"...In verità, Allah ama coloro che si pentono e coloro che si purificano (fisicamente e spiritualmente)".*
>
> Corano, Vers. 222, Sura 2

> *"E le tue vesti purifica."*
>
> Corano, Vers. 4, Sura 74

Un valore aggiunto

Abluzione Giornaliera

Eseguire l'abluzione prima di pregare è un requisito essenziale per la preghiera. Ovvero lavarsi (prima di tutto sempre le parti intime dopo ogni entrata in toilette) le mani, la bocca e i denti, le narici , la faccia, le orecchie, le braccia fino ai gomiti, e bagnarsi la testa e per ultimi i piedi.

Invece il Ghusl (ovvero lavare l'intero corpo) è un obbligo di purificazione in certe occasioni (dopo un rapporto coniugale o le mestruazioni e tutti i venerdì prima di andare in moschea).

Muhammad ha enfatizzato la pulizia e la purificazione in tutti gli aspetti della vita. Egli invitò i suoi compagni a pulire le loro case, e dintorni regolarmente. Insegnò loro che rimuovere la sporcizia e la spazzatura dalle strada è un azione caritatevole e rispettosa per la comunità.

Muhammad raccomandò con insistenza i suoi compagni a prendersi cura della propria igiene personale, disse:

- Indossate indumenti puliti ed ordinati
- Utilizzate il profumo (tib) per avere un buon odore
- Tagliate le unghie ed eliminate i peli pubici e ascellari
- Lavatevi le mani prima e dopo aver mangiato. Non toccate il cibo senza esservi lavati le mani.

Miswak e cura dentale. Aver cura della bocca per avere un buon alito durante la giornata

Cura dell'igiene orale

Secondo le narrazioni autentiche Muhammad disse:

"Se non fosse troppo impegnativo, vi avrei chiesto di pulirvi i denti con il miswak prima di ogni preghiera." (cinque volte al giorno) (Narrato da Bukhari e Muslim)

Che cosa è miswak?

Il miswak conosciuto come albero dello spazzolino da denti è molto utilizzato in Arabia Saudita per pulire i denti; è un legnetto particolare dell'albero dell'Arak flessibile e forte che non si rompe sotto la pressione. L'analisi chimica del miswak dimostra che contiene diversi minerali utili ed elementi come il fluoro in larghe quantità, la silice, la vitamina C e piccole quantità di cloro, tannino, sapone, flavonoidi e steroli.

Nota: Una ricerca dimostra che il miswak aiuta a combattere le placche, e il sanguinamento delle gengive. Il bastoncino di miswak lascia una linfa fresca oltre alla silice che funge da abrasivo per rimuovere le macchie. Pulisce i denti con delicatezza e in modo efficace, sbiancandoli senza danneggiare lo smalto o le gengive.

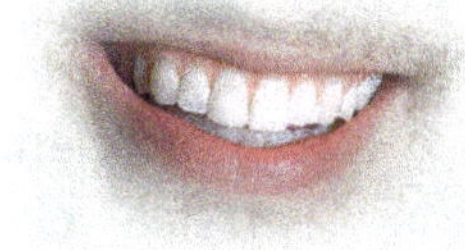

Il cloro contenuto aiuta a rimuovere le placche e le macchie di tartaro e la vitamina C contribuisce a guarire e riparare i tessuti. Si dice anche che il miswak allevia il mal di testa, l'influenza, la nausea, le tensioni e il capogiro.

Più valore alla conoscenza

Muhammad fu il promotore di un messaggio di "luce" e di regole guida che divennero la fonte del progresso civile e scientifico per molti secoli. Tutto cominciò dalla rivelazione divina che iniziò con la parola "Leggi". Questa parola come imperativo ed ordine di dover studiare ha spinto alla conoscenza in tutti i campi della scienza non solo in Arabia, ma nel mondo intero.

Le parole: leggere, pensare, conoscere, osservare, esplorare e riflettere sono menzionate molto spesso nel Corano.

> *In verità, nella creazione dei cieli e della terra e nell'alternarsi della notte e del giorno, ci sono certamente segni per coloro che hanno intelletto.*
> *Che in piedi, seduti o coricati su un fianco ricordano Allah e meditano sulla creazione dei cieli e della terra, [dicendo]: Signore, non hai creato tutto questo invano.*
>
> Corano, Vers. 190,191, Sura 3

Muhammad aggiunse dei valori nella vita della persone incoraggiandole a studiare e cercare la scienza. Invitava tutti a mettere in pratica ciò che avevano appreso

Sulla terra ci sono segni per coloro che credono fermamente.
E anche in voi stessi. Non riflettete dunque?
Corano, Vers. 20, 21, Sura 51

pensando sempre al benessere dell'umanità e alla salvaguardia del pianeta. Virtù e buon comportamento sono per il compiacimento di Dio, disse:

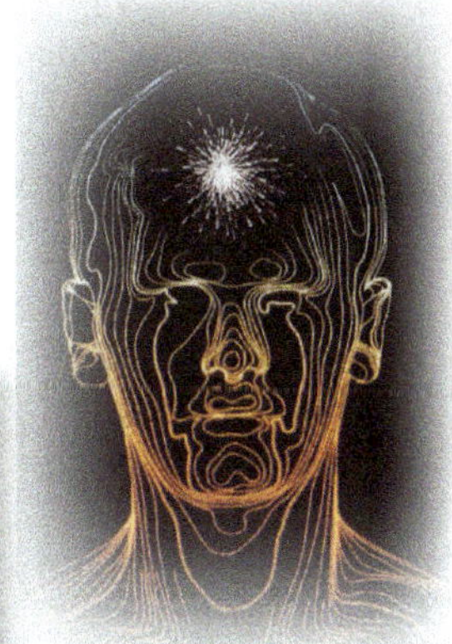

"A colui che segue la strada cercando la conoscenza, Allah spianerà la via verso il Paradiso"
(Sahih Muslim, 8/71, 2699)

Per molti secoli gli scienziati musulmani furono eccellenti nelle scienze naturali e nelle scienze applicate. La lingua del Sacro Corano, l'arabo, divenne la lingua degli scienziati insegnata come prioritaria nelle università, lingua di tante lauree in chimica, matematica, algebra, medicina, astronomia, geografia, ingegneria, arte, e letteratura.

Diversi studiosi riconoscono che la civiltà occidentale imparò moltissimo dalla civiltà islamica. Hanno ammesso che senza l'apporto dei musulmani, la civiltà occidentale avrebbe avuto bisogno di altri 500 anni per portare a termine ciò che nell'oriente islamico già era stato raggiunto.

Tabella 2: I contributi di famosi Scienziati musulmani

Scienziato	Contributo maggiore
Algoritmi Padre dell'-Algoritmo **780-850 DC**	**Mohammad Ibn Musa Al-Khwarizmi:** Fu uno dei più grandi scienziati del tempo. Era un matematico, astronomo, e geografo, ha introdotto il sistema decimale. Diede un grandissimo contributo alla matematica sviluppando l'algebra (che deriva dalla parola Al-Jabr) e gli algoritmi a cui diede il suo nome. Il suo nome è l'origine della parola ispanica "guarismo" in Spagnolo, e la parola algarismo in portoghese ed entrambe significano digitare.
Geber Padre della Chimica **721-815 DC**	**Jaber Ibn Hayyan:** Era un eminente esperto poliedrico: un chimico, astronomo, astrologo, geologo, filosofo, psicologo, fisico e farmacista. È considerato dalla maggior parte degli scienziati il padre della chimica. Fu il primo a scoprire la maggior parte degli acidi come l'acido nitrico, cloridrico e solforico. Descrisse numerosi processi chimici come l'evaporazione, la sublimazione e la distillazione. Lo storico della chimica, Erick John Holmyard diede credito a Geber nell'aver sviluppato l'alchimia in una scienza sperimentale.
Rhases (Rasis) Padre della Medici **865-929 DC**	**Abu Bakr Muhammad Ibn Zaccaria Al-Razi**: È considerato dalla maggior parte degli scienziati il padre della fisica. Fu il primo a distinguere il vaiolo dal morbillos. Scoprì diversi composti e prodotti chimici tra cui l'alcool e il kerosene. Edward Granville Browne lo considerò il fisico più originale fra tutti. Scrisse numerosi ed importanti libri tradotti in diverse lingue come l'enciclopedia Medica "Al-Hawi", "La grande farmacologia", "Le pietre del rene e della vescica", e" il Libro delle esperienze".

Avicenna Padre della Medicina Moderna 980-1037 DC	**Abu Ali Al-Hussein Ibn Sina:** È uno degli scienziati musulmani più eminenti nella medicina, a livello mondiale. Anche lui era un esperto poliedrico. Scrisse almeno 200 libri sulla scienza, religione e filosofia. Le due opere più importanti di Avicenna sono: Shifa (Il libro della guarigione) un'enciclopedia filosofica basata sulla tradizione aristotelica e il Qanun fi-Tibb (medicina). È un volume di 14 libri che classificano e descrivono le malattie, delineandone le cause. Fu tradotto in diverse lingue e fu il testo di standard medico in Europa per 17 secoli. (fino all'inizio del XVIII secolo).
Al Jazari 1136-1206 DC	**Abul-'Iz Bin Ismael Al-Jazari**. È noto come il migliore scrittore per aver scritto "il libro della conoscenza dei dispositivi ingegnosi meccanici" dove vennero descritti 50 dispositivi meccanici con le rispettive istruzioni per come costruirli. Al-Jazari è inoltre noto come l'inventore dell'"orologio dell'elefante", considerato come il primo computer analogico programmabile. Secondo Donald Routledge Hill, Al-Jazari descrisse molti sofisticati orologi a candela. Ha inventato anche l'orologio ad acqua e l'albero a gomiti che trasforma il moto circolare in moto armonico.

Avicenna

NUMERI LATINI:

I, II, III, IV, V, VI, VII, VIII, IX, X

NUMERI ARABI :

1, 2, 3, 4, 5, 6, 7, 8, 9, 10

Più valore allo sport

Muhammad incoraggiava i compagni a tenersi in forma e imparare diversi tipi di sport: come il nuoto, il tiro con l'arco, l'equitazione e le gare coi cavalli.

Partecipava lui stesso spesso a gare di corsa con i suoi compagni. Si narra (da Musnad Ahmad) che Muhammad solveva gareggiare con sua moglie Aisha. A volte vinceva lei ed altre lui, ma fondamentalmente si divertivano insieme; e questo era un esempio di armonia e amore nel matrimonio. (Abu-Dawoud, 2/334, 2578. Ibn-Majeh, 3/149, 1979)

Muhammad aveva dedicato una specifica area per le gare di equitazione, si chiamava "Moschea del Sabaq" (Moschea delle Gare).

Aggiungere un valore alla vita delle persone

Muhammad incoraggiava le persone ad amarsi vicendevolmente

Muhammad disse: "Giuro su Dio che non sarete dei veri credenti di Allah, se non vi amerete a vicenda. Potrei dirvi una cosa che se la metterete in pratica vi amerete vicendevolmente. Salutatevi spesso e fate che questo diventi una vostra abitudine. (Narrato dal musulmano 54)

E poi disse: "nessuno diventerà un buon credente finché non desidera per i suoi fratelli ciò che desidera per sé stesso". (Narrato dal musulmano 2699)

E disse ancora: "Chiunque aiuti un credente a superare una difficoltà nella vita terrena, Allah lo aiuterà a superare una difficoltà nel Giorno del Giudizio, Dio sostiene chi sostiene gli altri" [1]. (Narrato dal musulmano)

Incontrare gli altri con il sorriso è un atto di carità.
Muhammad (pbsl)

Salutare le persone è un messaggio di pace: Muhammad disse: "Non sottovalutate nessuna azione, fate anche solo un sorriso quando incontrate una persona"[2]. E disse: "Chi saluta per primo è più vicino a Dio"[3]. Rispose a chi gli chiese come comportarsi correttamente con le persone: "Offrendo cibo e salutando chi conosci e chi non conosci". [4]

Muhammad soleva salutare le persone calorosamente

Secondo le autentiche narrazioni, Muhammad soleva

incontrare le persone sempre con un viso radioso e quando stringeva la mano degli altri, non la lasciava mai prima dell'altro.

Muhammad aveva il senso dell'umorismo

Era una persona molto allegra e ottimista. Le persone che si relazionavano con lui lo descrivevano come una persona amabile, e nello stesso tempo era rispettato e stimato.

In diverse occasioni, scherzava con i suoi amici, con sua moglie, con le persone anziane e i bambini (inclusi i suoi figli e nipoti). A quei tempi la corsa era una

attività ludica per divertirsi. Si narra che spesso Muhammad correva con sua moglie, con i suoi figli e con altri bambini.

Senso dell'umorismo con gli anziani

Si narra che una donna anziana gli chiese di pregare per lei affinché potesse entrare in paradiso. Muhammad rispose in tono scherzoso: "Ma non ci sono donne anziane in paradiso".

Ella rimase delusa, ma egli subito si affrettò ad aggiungere: "Perché tornerai ad essere giovane quando entrerai in paradiso (tutte le persone lo saranno).

Senso dell'umorismo con i giovani

Un giorno Muhammad vide Suhayb (un musulmano romano) con un occhio ammalato mentre stava mangiando un dattero. Muhammad per tirarlo su di morale gli disse: "Come fai a mangiare il dattero con l'occhio sinistro ammalato?" Suhayb sapeva che stava scherzando rispose "Non preoccuparti sto mangiando dalla parte destra della bocca, (la parte dell'occhio sano). (Al-Hakim, 4/411, 8357. Ibn-Majeh 4/500, 3443)

Anas Bin Malek narrò che un uomo venne da Muhammad e gli chiese di fargli fare un giro sul cammello. Muhammad rispose che gli faceva fare un giro sul figlio del cammello. L'uomo contestò: "Cosa faccio io sul figlio del cammello?" il Profeta replicò: "Non è anche lui un cammello?"[5]

Si prendeva cura e amava i bambini

Muhammad si prendeva cura dei bambini. Soleva salutarli e giocare con loro. Un giorno, Muhammad vide un piccolo bambino che era triste perché il suo uccellino era morto. Il Profeta che si stava dirigendo altrove, passò molto tempo con questo piccolo bambino per cercare di rassicurarlo e di alleviare la sua tristezza.[6]
(Sahih Al-Bukhari, 8/30, 6129. Muslim 6/176, 2150)

Muhammad invitava i genitori a mostrare l'amore che provavano per i loro figli dicendo di abbracciarli e baciarli spesso ed essere leali con loro.

Muhammad disse che un padre che non ha mai baciato suo figlio è un uomo senza misericordia nel suo cuore.

Amava i suoi vicini: Muhammad aveva dei nemici ebrei che non avevano accettato l'Islam e non erano gentili con lui. Quando loro si ammalavano, egli andava comunque a visitarli nelle loro case, e questo li stupì positivamente. Andò anche a visitare un bambino ebreo ammalato che era stato un suo aiutante. (Sahih Al-Bukhari, 2/94, 1356)

Siate gentili con i vicini

Enfatizzava la gentilezza soprattutto per i vicini di casa: Muhammad disse ai suoi compagni che l'Arcangelo Gabriele gli ricordò di essere gentili con i vicini di casa. Qualsiasi credente dove essere gentile con i propri vicini. (Sahih Al-Bukhari, 8/10, 6015)

In un'altra occasione disse ad un suo compagno di nome Abu Thar: "Se cucini una minestra, cucinala con più acqua (ovvero aumenta la quantità) in modo da poterne dare un po' anche ai tuoi vicini". (Sahih Muslim, 8/37, 2625)

Muhammad abolì le cattive maniere

Affermò in diverse occasioni: "le persone dal buon comportamento saranno con Lui nel Giorno del Giudizio e saranno i più amati da Lui". Disse anche:

"Non odiatevi l'un l'altro e non siate gelosi l'uno dell'altro ma siate fratelli". [7]

"Chi crede in Dio non maledice nessuno, non giura il falso e non usa un linguaggio maleducato". [8]

No alla derisione e alla diffamazione: Muhammad recitò i seguenti versetti dal Sacro Corano (considerato dai musulmani le Parole di Dio e non quelle di Muhammad).

"O credenti, non scherniscano alcuni di voi gli altri, ché forse questi sono migliori di loro. E le donne non scherniscano altre donne, ché forse queste sono migliori di loro.

"Non diffamatevi a vicenda e non datevi nomignoli. Com'è infame l'accusa di iniquità rivolta a chi è credente !Coloro che non si pentono sono gli iniqui"

Corano, Vers. 11, Sura 49

No al pettegolezzo, alle illazioni, all'infamia

"O credenti,
evitate di far troppe illazioni, ché una parte dell'illazione è peccato. Non vi spiate e non sparlate gli uni degli altri. Qualcuno di voi mangerebbe la carne del suo fratello morto? Ne avreste anzi orrore! Temete Allah! (Dio), Allah sempre accetta il pentimento, è misericordioso."

Corano, Vers. 12, Sura 49

Non diffondere informazioni sbagliate

"O credenti,
se un malvagio vi reca una notizia, verificatela, affinché non portiate, per disinformazione, pregiudizio a qualcuno e abbiate poi a pentirvi di quel che avrete fatto".

Corano, Vers. 6, Sura 49

Valori aggiunti attraverso il galateo e le buone maniere

Muhammad teneva molto alle buone maniere, le insegnava ai compagni come parte della Sunnah. Ci sono numerosi versetti nel Sacro Corano che sollecitano le buone maniera e la tenerezza. Il profeta Muhammad ricordava che anche gli Angeli si infastidiscono per le stesse cose che si infastidiscono gli uomini (es. voce alta, cattivo odore, ecc.)

I punti successivi riassumono alcuni dei valori morali di comportamento nell'Islam:

- Non parlare a voce alta e non camminare con superbia.
- Non restare a lungo quando visiti una persona ammalata, dalle il tempo di riposarsi.
- Bisogna profumarsi quando ci si reca in moschea.
- Non mangiare cipolle o aglio quando si va in moschea per non disturbare gli altri con uno spiacevole odore.
- Aiutare le persone e fare spazio nei posti affollati o nelle aree di congregazione.
- Chiamare le persone con i loro nomi oppure se

preferiscono con i loro nomignoli.

- Mettere la mano davanti alla bocca quando sbadigli e chiedere la benedizione di Dio anche quando starnutiscono gli altri.
- Quando ci si rivolgi alle persone, utilizzare le migliori parole, quelle che loro amano. La buona parola è un azione caritatevole nell'Islam.
- Parlare con gentilezza ai parenti e non urlare loro in faccia, non dire loro una parolaccia, nemmeno "uff" (la più piccola parola negativa in arabo).
- I bambini devono bussare alla porta e chiedere il permesso prima di entrare nella camera dei genitori in certi momenti della giornata.
- Servendo dell'acqua agli altri, essere l'ultimo a bere.
- Quando invitato a cena mangiare dal piatto più vicino e non disturbare gli altri.
- Non soffiare in un bicchiere, quando si beve.

Con le donne

Abbassare lo sguardo e non guardare le donne e le persone che passano per le strada.

Muhammad fu visto bendarsi le ginocchia per far salire su di esse sua moglie Safiya ed aiutarla a salire sul cammello.

(Narrato da Anas bin Malik – Bukhari - 9/20)

Muhammad rispettava i punti di vista degli altri

Ogni volta che dava consigli ai suoi compagni, o dava istruzioni che potessero essere capiti e seguite in diversi modi, tendeva ad accettare tutte le soluzioni; l'importante che si raggiungesse l'obiettivo usando l'etica corretta.

Durante la battaglia di "That Al-Salassil", il comandante musulmano Amr bin 'Ass era stato criticato per aver condotto la preghiera senza aver eseguito l'abluzione o il ghusl (essendo in stato d'impurità spirituale): Muhammad ascoltò la giustificazione e l'accettò. Amr disse che era notte e faceva freddo, se si fosse lavato avrebbe preso freddo, si sarebbe ammalato e non avrebbe potuto condurre il suo gruppo a quella importante spedizione.

Muhammad parlava in maniera facile concreta

Anas bin Malik disse che lui aveva servito Muhammad per dieci anni e mai lo aveva sentito dire: "Perché hai fatto questo? oppure perché non hai fatto quello". (Al-Tirmidhi, 3351)

Muhammad incoraggiava la consultazione e la democrazia (Shura): Muhammad spesso consultava i compagni e la moglie. Li consigliava ad essere obiettivi e razionali. Li educò a diventare forti e saggi coinvolgendoli nelle decisioni.

Quando i capi meccani assieme alle tribù arabe si misero d'accordo per attaccare Medina, un musulmano persiano propose di costruire una trincea a nord della città.

Anche se era una metodo sconosciuto, mai applicato prima da nessun arabo, Muhammad considerò seriamente l'idea che poi fu approvata dalla maggioranza dei musulmani. Essi costruirono un fossato di 5,5 km di lunghezza x 4,6 di larghezza.

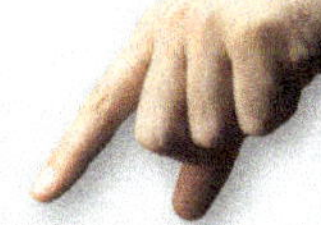

In un'altra occasione, durante la battaglia di Badr, un uomo, disse: O profeta dato che la tua scelta di fermarti in quest'area non è ispirata da una rivelazione divina, posso suggerire di trasferirci in un'altra zona?" Questo uomo spiegò le sue ragioni che stavano alla base della proposta e dopo aver consultato anche gli altri compagni, Muhammad accolse l'idea e si trasferirono in un'altra area.

La parola Muhammad in arabo progettata in modo artistico. Dell'Artista Farid Al-Ali

Rispetto per le persone di fede diversa: Muhammad incoraggiava i suoi compagni ad essere amichevoli e sinceri con le persone che avevano religioni diverse dalle loro, quando questi erano corretti con i musulmani.

In diverse occasioni dimostrò che rispettava le persone indipendentemente dalla loro fede. Si narra che fu visto fermo con rispetto durante un funerale mentre trasportavano la bara di un ebreo morto. Un compagno chiese perché si fosse alzato al passaggio della salma di un non musulmano: "È un essere umano (a prescindere dalla razza, fede, e classe sociale)". (Sahih Al-Bukhari, 2/85, 1312. Sahih Muslim, 3/58, 961)

Dialogo Interreligioso

Dialogo interreligioso e pacifica coesistenza con persone di altre fedi: Il dialogo interreligioso potrebbe essere definito come una via binaria di comunicazione o discussione tra due persone di fede, tradizione o cultura diversa. Importante per raggiungere obiettivi positivi come abbattere sospetti e sconfiggere ignoranze pericolose alla comprensione corretta.

Dialogo con una Delegazione Cristiana

Nell'anno 632 DC, Muhammad riceveva e ospitava nella sua moschea, della città di Medina, una delegazione di cristiani che veniva da Najran in Yemen, per conoscere l'Islam e per discutere delle differenze tra l'Islam e il Cristianesimo.

Muhammad pose delle linee guida e delle maniere comportamentali per il dialogo, basandosi sugli insegnamenti del Corano, che puntualizzavano il rispetto, la saggezza, la mutua comprensione e la gentilezza. Recitò i seguenti versetti:

"Chiama al sentiero del tuo Signore con la saggezza e la buona parola e discuti con loro nella maniera migliore. In verità il tuo Signore conosce meglio [di ogni altro] chi si allontana dal Suo sentiero e conosce meglio [di ogni altro] coloro che sono ben guidati"

Corano, Vers. 125, Sura 16

"Dialogate con belle maniere con la gente della Scrittura, eccetto quelli di loro che sono ingiusti. Dite [loro]: "Crediamo in quello che è stato fatto scendere su di noi e in quello che è stato fatto scendere su di voi, il nostro Dio e il vostro sono lo stesso Dio ed è a Lui che ci sottomettiamo."

Corano, Vers. 46, Sura 29

Tolleranza Religiosa

La moschea di Omar e la Chiesa del Santo Sepolcro, Gerusalemme

Nella vecchia città di Gerusalemme esiste da 1400 secoli un grandioso esempio della tolleranza religiosa. Il secondo regnante e califfo ben guidato Omar bin Al-Khattab compagno del Profeta regnò anche a Gerusalemme (638 DC) in modo pacifico.

Omar bin Al-Khattab fu invitato dall'arcivescovo di Gerusalemme a pregare nella chiesa del Santo Sepolcro, nota anche come Chiesa della Resurrezione. Essa è il luogo cristiano più sacro

nel mondo. Lì si trova il calvario dove i cristiani credono che Gesù fu crocefisso dove venne sepolto. Fu un'importante meta per il pellegrinaggio fino al quarto secolo DC.

Omar rifiutò di pregare nella chiesa dicendo: "**Se io pregassi nella chiesa, potrebbe essere considerata dai musulmani come una moschea o un luogo di adorazione**".

Omar bin Al-Khttab pregò a pochi metri appena fuori. Questo atto confermò la pacifica coesistenza tra l'Islam e le altre religioni. Confermò la libertà di culto che i non musulmani avevano durante e all'interno dello Stato Islamico.

Fu poi costruita una moschea nella zona in cui Omar pregò per ricordare questo evento storico (e fu chiamata la Moschea di Omar).

Questo califfo affidò la custodia della chieta del Santo Sepolcro a Ubadah ibn Al-Samit, un compagno del Profeta Muhammad che divenne il primo giudice musulmano a Gerusalemme. Ubadah morì nel 658 DC e fu sepolto nel cimitero "Cancello della misericordia" in un angolo a sud vicino al muro del nobile santuario che include la Cupola della Roccia e la moschea dell'Aqsa.

Tomba di Ubadah Ibn Al-Samit a Gerusalemme

Un valore aggiunto

La convenzione di Omar

Omar garantì alle persone di Gerusalemme un patto di pace e di protezione conosciuta come "la convenzione di Omar". Fu incastonata davanti alla porta della moschea per secoli fino ad oggi.

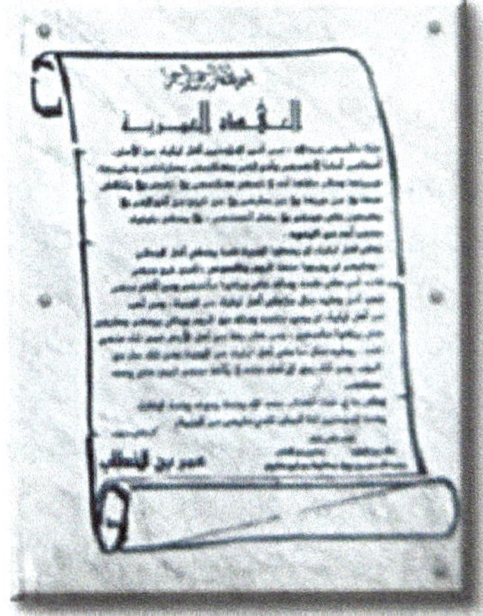

La convezione di Omar

Nel nome di (Dio) Allah, il Clemente e il Misericordioso

Questa è una promessa di pace e di protezione da parte del Servo di Allah Omar verso il popolo di Ilia (Gerusalemme). Egli concede garanzia di protezione alla vita, proprietà e chiese, in salute o in malattia a tutta la loro comunità religiosa.

Le chiese non potranno essere occupate, demolite, né utilizzate interamente o parzialmente. Non sono costretti a cambiare religione, e nessuno di loro deve essere ferito. Il popolo di Ilia dovrà pagare una tassa (Jizia) come fanno tutti gli altri cittadini (anche i Musulmani pagano una tassa simile la "zakat").

Etica commerciale e aziendale

Valore aggiunto nel commercio

Muhammad incoraggiò le persone a dedicarsi al commercio sulla base dei nobili valori islamici che denunciano l'imbroglio, l'inganno, le vendite immorali, la frode, il monopolio e lo sfruttamento.

Muhammad disse:

Dio elargisce la Sua Misericordia sulla persona che è tollerante quando compra, tollerante quando vende e quando chiede i suoi diritti. *(naturalmente è valido sia per gli uomini che per le donne - Bukhari, 2076/16)*

No Ipocrisia

Mentire e non mantenere le promesse è ipocrisia

Muhammad disse: "Chiunque possieda queste 4 caratteristiche è un ipocrita mentre chiunque ne possieda solo una è come se possedesse una caratteristica dell'ipocrisia fino a quando se ne sbarazzi:

❶ Ogni volta che gli viene data fiducia tradisce;
❷ Ogni volta che parla dice una bugia;
❸ Ogni volta che fa un patto, si dimostra sleale;
❹ Ogni volta che ha un diverbio insulta.

Altri mercati a Medina - tempo presente

Zona di Libero Scambio

Subito dopo essere arrivato a Medina, istruì i suoi compagni a comprare un pezzo di terra e a dedicarsi al libero commercio. La chiamavano Manakha, le persone a quel tempo solevano comprare e vendere senza pagare nessuna tassa.

Manakha era un luogo dove i cammelli si sedevano sulla terra per scaricare dalla loro gobba le merci .

Foto scattata dalla moschea del Grand Sultan Qaboos, Sultanato di Oman. La fine architettura islamica si riflette attraverso i soffitti del legno, archi islamici e decorazioni murali.

NOTE

1 Riyadh Al-Salihin (183/3), (245/2), Sahih Al-Bukhari (13)
2 Riyadh Al-Salihin (121/5)
3 Riyadh Al-Salihin (858/2)
4 Sahih Al-Bukhari (11)
5 Sahih Al Albani, Abu Dawud, Emam Ahmed and Tirmithi
6 Riyadh Al-Salihin (862/1), Bukhari (598/10)
7 Riyadh Al-Salihin (1591/1), Sahih Al-Bukhari (6065)
8 Riyadh Al-Salihin (1734/1) (1738/3)

La Cupola della Roccia, Gerusalemme
foto scattata dal fotografo britannico professionista Peter Sanders

Capitolo
6

Le donne

Moschea Blu, Istanbul, Turchia

Capitolo 6

Muhammad concede alle donne i loro diritti

Prima dell'arrivo dell'Islam le donne non avevano diritti civili. Gli arabi preferivano i neonati maschi e succedeva che alcuni padri seppellivano vive le loro figlie appena nate.

No alla discriminazione: Muhammad condannò ogni comportamento immorale, inoltre insegnò ai suoi compagni ad amare i propri figli, crescerli bene e prendersi cura di loro indipendentemente dal sesso. Sollecitò i padri ad aver maggior attenzione delle figlie fino a quando e si sposano. Disse:

"Le donne sono la metà che manca agli uomini." [1]

(Tirmithi, 1/154, 113)

Le donne hanno diritto all'eredità come gli uomini

Prima dell'Islam, le donne non avevano diritto all'eredità. Muhammad riuscì a cambiare quest'usanza così anche le donne ebbero il diritto di ereditare. Non creò il sistema islamico, nemmeno per questo concetto, si premurò solo di trasmettere le parole di Dio (menzionato nel Corano) ed invitare a farle rispettare.

La parola Muhammad scritta in arabo con la calligrafia artistica e simmetrica. La parola attuale assomiglia a questo محمد. Le lettere M e H che formano la prima metà della parola in arabo, sono simmetriche con le lettere M e D che formano la seconda metà in arabo.

Le donne hanno identità propria: Prima dell'Islam la donna era considerata come una parte delle proprietà del marito. Essa invece è un essere umano con una propria identità. Quando una donna decide di sposarsi, non ha bisogno di cambiare cognome. La sua identità è preservata e le sue ricchezze e proprietà sono protette dalla Legge Islamica. Alla morte del marito viene considerata una delle persone aventi il diritto all'eredità e non come prima che era proprietà degli uomini che possono ereditare.

Nome
Cognome

La donna non è un strumento sessuale: La prostituzione e l'adulterio sono severamente vietati nell'Islam. Muhammad disse: "Quando una persona commette fornicazione o adulterio, lei/lui non si trovano in uno stato di fede" (la fede in Dio non si rinsalda fortemente nel cuore finché la persona non si senta in colpa per aver commesso fornicazione). Dio ha rivelato:

> *"Non ti avvicinare alla fornicazione.*
> *È davvero cosa turpe e un tristo sentiero".*
>
> Corano, Vers. 32, Sura 17

sexual harassment AIDS sexual diseases non-marital pornography nudity nudity pornograp nudity pornography sexual assault nudity sexual assault sexual harassm rape crimes non-marital sex sexual diseases illegitimate children rape crimes sexual harassment sexual assa

Nell'Islam la donna adulta ha l'obbligo di indossare il velo e dei vestiti che proteggano il suo corpo e la sua dignità e dimostrino che è musulmana. L'Islam insegna alle donne a non usare i loro corpi o la loro femminilità per tentare l'uomo perché questo è pericoloso e offensivo e lede la dignità e l'integrità.

Vediamo oggi pubblicità e immagini commerciali che si basano sull'esposizione del corpo femminile per attirare l'attenzione, e usare la sensualità femminile come merce, questi comportamenti non sono permessi nell'Islam, che vuole garantire la protezione e il rispetto alle donne.

L'islam, attraverso i suoi insegnamenti, vuole combattere tutti gli stimoli che possano condurre a molestie sessuali, assalti, stupri, malesseri sessuali e altre abominevoli azioni come la pornografia.

Sposati!

No al Sesso Fuori del Matrimonio

Muhammad incoraggiò le persone a sposarsi e costruire una famiglia. Insegnò ai suoi compagni e seguaci che i nobili valori dell'Islam vietano qualsiasi tipo di relazione sessuale al di fuori della relazione coniugale tra un uomo e una donna. (Sahih Al-Bukhari, 3/26, 1905)

Un giovane ragazzo chiese a Muhammad di dargli il permesso di commettere fornicazione (avere rapporti sessuali con una donna al di fuori del contesto coniugale, o con una prostituta) e Muhammad rispose: "Ti piacerebbe che facesse così tua madre?" questi rispose di no, allora il Profeta spiegò: "Anche le altre persone non vorrebbero che succedesse alle loro madri".

Poi fece al giovane uomo la stessa domanda per tre volte: "Ti piacerebbe che succedesse a tua figlia, a tua sorella, o a tua zia" e tutte le volte il ragazzo rispose di no e Muhammad ripeté: "Nessuno vorrebbe che succedesse alle loro figlie, sorelle e zie".

Poi Muhammad mise la sua mano sul cuore dell'uomo e invocò Dio: "O Mio Dio, perdona i suoi peccati, purifica il suo cuore e rendilo casto". (Munsad Ahmad, 10/5220, 22641)

Potere e riconoscimenti alle donne

Con l'intenzione di migliorare e potenziare il ruolo della donna nella società, Muhammad stabilì lezioni per le donne ogni settimana a giorni fissi.

Inoltre le sollecitò a partecipare agli eventi islamici, alle due feste ed alle preghiere. Anche le casalinghe che solitamente non uscivano mai di casa lo incontravano, per parlare con lui, imparare e chiedere consigli. Chiese anche alle donne di firmare lo stesso patto politico che firmarono gli uomini, avendo le donne le stesse responsabilità per la legge islamica e davanti a Dio.

Le donne nell'Islam hanno un ruolo cruciale nella società in quanto sono loro che crescono l'umanità. Le donne sono una metà dell'umanità e generano l'altra metà. Le donne musulmane furono sollecitate ad avere un ruolo attivo nella società senza però sovrapporsi al ruolo degli uomini. Mantenendo la loro femminilità, i loro valori e le loro sensibilità biologiche.

Anche se la priorità dovrebbe essere data al fondamentale e gravoso compito di crescere i figli e prendersi cura del loro benessere, le donne 1400 anni fa lavoravano e partecipavano attivamente alla vita sociale e politica.

Avere cura delle figlie

Muhammad in diverse occasioni enfatizzò il buon comportamento verso le donne dicendo che sono delicate e fragili come un bicchiere di cristallo. Disse ai suoi compagni che chi cresce bene le sue figlie temendo Dio nella loro educazione e prendendosi cura di loro guidandole alla fede, si guadagnerà il Paradiso.

Le donne

Mohammad incoraggiò il più completo rispetto nei confronti delle madri

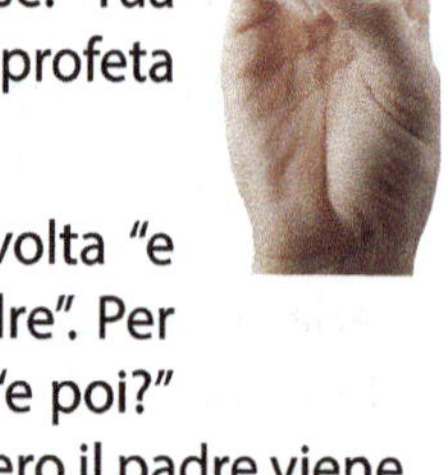

Un uomo chiese a Muhammad: "Chi merita di essere trattato meglio? Muhammad rispose: "Tua madre", allora l'uomo chiese "e poi" e il profeta Muhammad rispose ancora: "Tua madre".

L'uomo richiese di nuovo per la terza volta "e poi?" e ancora il Profeta rispose "tua madre". Per curiosità l'uomo chiese una quarta volta "e poi?" e il profeta allora rispose: "tuo padre" (ovvero il padre viene comunque 3 volte dopo la madre)2.

(Sahih Al-Bukhari, 2/8, 5971. Muslim, 8/2, 2548)

I sapienti commentano che le madri sono state nominate 3 volte perché sono costrette a soffrire 3 volte: durante la gravidanza, il parto e durante lo svezzamento.

Mohammad incoraggiò il buon trattamento delle mogli

Muhammad afferma che se ad un uomo non piace qualcosa della sua donna, dovrebbe riflettere e trovarle dei pregi; disse:

I credenti che dimostrano avere una fede perfetta sono coloro che hanno una migliore personalità, i migliori di questi credenti sono coloro che sono migliori con le loro mogli.

Questo concetto promuove dunque l'amore, l'armonia, e la comprensione reciproca. Muhammad non amava il divorzio e fece notare che:

"Tra tutti gli atti leciti e permessi, il divorzio è quello più odiato da Dio". (Tirmithi, 6/188, 3895)

Se il divorzio è inevitabile, allora dovrebbe avvenire con gentilezza e con migliori maniere in buon accordo [3].

Muhammad amava moltissimo sua moglie

Ma dopo la morte di Khadijia, si sposò con Aisha, la figlia del suo migliore amico Abu Bakr. Amò moltissimo anche Aisha. Gli fu chiesto da Amr Ibn Al-Ass (un compagno): "chi è la persona che ami di più?" Muhammad rispose senza esitazione: "Aisha".

(Al-Bukhari, 5/5, 3662)

Ribadisci il tuo amore per tua moglie

Aisha narrò che Muhammad descriveva il suo amore per lei come il nodo stretto di una corda. Aisha chiedeva di volta in volta come va la corda? E lui rispondeva "la corda è legata forte come sempre".

Essere Un Marito Leale

Muhammad chiedeva ad Aisha quando cucinava una pecora di mandare del cibo agli amici della sua precedente moglie Khadija.

Muhammad diceva ad Aisha, che non c'era donna migliore di Khadija. Ella credette in lui appena ricevette la rivelazione di Dio, quando molti altri suoi stessi parenti lo tradirono. Khadija lo supportò con tutte le sue forze e con il suo denaro senza alcuna esitazione.

Nonostante molte persone abbiano fatto notare che Muhammad provocava la gelosia di Aysha quando elogiava la defunta moglie Khadija, egli fu certamente un marito imparziale e leale con tutte le sue mogli.

Muhammad dimostrò sempre un'esemplare lealtà per la sua prima moglie:

Si narra che quando Muhammad ritornò a Mecca nell'anno 630 DC, chiese ai suoi compagni di montare la sua tenda vicino alla tomba di Khadijia.

Questa è la parola Muhammad in arabo con una calligrafia particolare e sembra un fiore. Farid Al-Ali.

Muhammad e la poligamia

Muhammad non ha introdotto la poligamia: la poligamia esisteva da sempre dai primi uomini sulla terra, ma prima dell'arrivo dell'ultima Rivelazione veniva praticata senza alcuna regola e senza limite. Era molto comune il fatto che un uomo avesse più di una donna: mogli, concubine o schiave[4].

Il profeta Abramo era sposato con Sara, la madre di Isacco, e con Hagar la madre di Ismaele. Si narra anche che Giacobbe aveva quattro donne, due mogli e due concubine (Genesi 32:22).

Muhammad visse per la maggior parte della sua vita con una sola donna: Egli fu sposato con Khadija per quasi 25 anni dalla quale ha avuto 4 femmine e 2 maschi. Entrambi i figli maschi morirono durante l'infanzia.

Sposato con Una Moglie per 25 Anni

Dopo la morte della moglie Khadija, sposò una donna di nome "Sawdah". Suo marito era morto in Abissinia, dove Muhammad aveva mandato alcuni compagni in cerca di rifugio, e la sposò per aiutarla e supportarla. Muhammad aveva quasi 50 anni quando si sposò con lei e lei era più anziana di lui.

Muhammad sposò la figlia del migliore amico Abu Bakr: Due anni dopo la morte della prima moglie Khadijia, migrò da Mecca a Medina e sposò Aisha, la figlia del suo migliore amico e più grande seguace Abu Bakr. Il matrimonio fu un onore per Abu Bakr e Aisha.

Muhammad sposò la figlia del secondo migliore amico Omar

Altri due anni dopo, Hafsa la figlia del secondo migliore amico e compagno Omar, perse il marito durante la battaglia di Uhud e divenne vedova. Omar offrì ai suoi amici più fidati di sposare la figlia, ma nessuno si propose per lei. Poi Muhammad prese l'iniziativa e la chiese in sposa. Il matrimonio fu un onore e un supporto per Omar e per Hafsa.

Muhammad sposò una vedova musulmana, figlia del suo nemico

Ramlah, conosciuta con il nome di "Umm Habibah". Era la figlia del leader meccano Abu Sufian che non credeva in Muhammad e lo combatté per 20 anni, invece sua figlia abbracciò l'Islam.
Fu una delle prime musulmane che migrarono in Abissinia con suo marito e vissé lì per 15 anni.

Ma il suo marito si convertì al cristianesimo e morì in quella terra. Rimase sola in Abissinia e Muhammad chiese la mano ad Umm Habibah che accettò e si sposarono. Sorprendentemente il padre, prima acerrimo suo nemico dopo un anno abbracciò l'Islam anche lui.

Muhammad ha sposò Safiyya, una donna di una tribù ebraica

I Bani Al Nadhir era una delle tribù ebraiche che tradirono il Profeta e complottarono contro di lui. Di conseguenza Muhammad li assediò nella loro città Khaybar.

Safiyya la figlia del leader di quella tribù era tra coloro che vennero catturati. Muhammad chiese la sua mano, lei accettò e la sposò.

Mohammad dimostrò a tutti che non era contro la comunità ebraica, ma solo contro gli aggressori che dovevano essere fermati, indipendentemente dalla loro razza o credo.

In diverse occasioni Safiyya lo descrisse come un amorevole e buon marito.
(Tirmithi, 6/188, 3894. Musnad Ahmad, 5/2609, 12587)

Maria la copta

Muhammad inviò un messaggio al re cristiano dell'Egitto invitandolo ad accettare il messaggio dell'Islam.

Il re dell'Egitto rispose educatamente ma non accettò l'Islam però mandò al Profeta diversi regali tra cui un scienziato e una serva "Maria". Muhammad accettò i regali del re. Sposò Maria cristiana ed ebbe da lei un figlio che chiamò Ibrahim, ma anche questo maschio morì da piccolo e fu un altro lutto che causò ancora sofferenza nella vita del Profeta[5].

Muhammad diffuse l'ordine di Dio regolando la poligamia

L'Islam non proibisce la poligamia, ma la regola. Nell'Islam non è obbligatorio sposarsi con più di una donna, ma è permesso per motivi giusti, sani e utili.

La Parola di Dio
se temete di essere ingiusti, allora sia 1 sola

Un uomo può sposare una seconda moglie se dimostra di avere totale rispetto, giustizia e imparzialità con tutte.

L'Islam permette all'uomo di sposarsi fino a quattro donne a condizione di eessre equo con tutte loro, come conferma il Versetto 3 della Sura 4. Prima della rivelazione, gli uomini solevano avere un numero eccessivo di mogli senza condizioni né limiti né regole.

Il versetto 129 della Sura 4 del Sacro Corano afferma: "Non potrete mai essere equi con le vostre mogli anche se lo desiderate. Non seguite però la vostra inclinazione fino a lasciarne una come in sospeso. Se poi vi riconcilierete e temerete [Allah], ebbene Allah è perdonatore, misericordioso".

I limiti per il profeta Muhammad

Il Profeta Muhammad però era sposato con più di 4 mogli prima della rivelazione. Essere mogli del messaggero di Dio era un grande onore per loro in quanto divenivano le Madri dei Credenti. Dio rivelò che le sue mogli erano speciali e lui aveva il privilegio di averne sposate più di 4.[6]

I limiti sulle mogli del profeta Muhammad

Ai musulmani non era permesso sposare le donne che erano state le mogli del Profeta Muhammad dopo la sua morte.

Le Madri dei Credenti

Esse dovevano rimanere vedove perché erano le mogli del Messaggero di Dio e Madri dei Credenti descritte nel Corano come donne speciali.

La responsabilità delle mogli del profeta era tale che se avessero commesso o manifestato un cattivo comportamento, o commesso un peccato, la punizione sarebbe stata doppia. Se invece avessero obbedito devotamente a Dio e al Suo messaggero, con un atteggiamento pio, avrebbero avuto doppia ricompensa.

Le mogli del profeta ebbero la libertà di scegliere

Siccome la responsabilità di queste mogli speciali era molto grande e la vita del Profeta molto difficile e piena di sacrifici, spesso privazioni e miseria materiale, Dio chiese a Muhammad come indicato nel Corano nel capitolo 33, versetti 28 e 29 di fare la domanda ad ogni moglie dando due opzioni: poter divorziare e cercare gli agi e le comodità della vita terrena, oppure rimanere sposate e devote per tutta la loro vita alla causa dell'Islam.

Tutte le mogli scelsero l'Islam e la devozione e rimasero tutte sposate con il Profeta ed anche dopo la sua morte nessuna di loro si risposò.

NOTE

1 Narrato da At-Tirmithi. Secondo le narrazioni, il profeta Muhammad indicò che chiunque abbia una, due o tre figlie e le educa e si prende cura di loro per bene (fino a quando diventano indipendenti) gli spetta il Paradiso.

2 Il Corano enfatizza in diversi versetti che una persona dovrebbe essere benevole con entrambi i genitori (Sura 17, Vers. 23).

3 Sahih Abu Dawud. Vedere anche il Sacro Corano (Sura 2, Vers. 229).

4 In merito alla poligamia nelle altre religioni, anche nell'induismo non vi erano restrizioni, le quali arrivarono solo nel 1953 quando si approvò la legge del matrimonio induista e divenne illegale avere più di una moglie. Attualmente, è la legge indiana che vieta all'uomo di avere più di una donna e non le sacre scritture.

5 Muhammad era molto triste per la perdita del figlio e pianse anche di fronte ai suoi compagni come un normale padre non poté trattenere le sue lacrime, ma spiegò ai suoi compagni che soffriva ma doveva accettare il volere di Dio e che un credente deve sempre accettare il destino divino e le dure prove della vita.

6 Vedere Sacro Corano , Vers. 50, 51,52, Sura 33, in merito alle mogli del Profeta Muhammad (pbsl).

Capitolo 7

I Diritti Umani

Libertà, giustizia e protezione

"Non c'è costrizione" è la regola fondamentale nell'Islam

Muhammad trasmesse il messaggio di Dio invitando le persone a credere in un unico Dio ed a sottomettersi a Lui. I seguenti versetti del Sacro Corano confermano che la libertà di scelta spetta alle persone.

"Se il tuo Signore volesse, tutti coloro che sono sulla terra crederebbero. Sta a te costringerli ad essere credenti?"

Corano, Vers. 99, Sura 10

Le battaglie furono iniziate da coloro che non vollero cambiare religione verso i musulmani e non viceversa. I musulmani dovettero solo difendersi dagli attacchi. Quando poi ebbero la meglio e fecero il loro legittimo stato islamico lasciarono i non musulmani professare le loro religioni senza alcun problema. Corano, Vers. 256, Sura 2

Moralità ed uguaglianza tra tutte le razze: Tutte le persone sono uguali dinnanzi ad Allah e alla legge. Tutti gli esseri umani sono uguali! Solo il timore e le qualità morali li distinguono davanti agli occhi di Dio. Muhammad spiegò questo concetto:

"Il tuo Signore è Uno. Tutta l'umanità deriva da Adamo che fu creato dall'argilla, nessun arabo è superiore ad un non arabo, e nessun non arabo è superiore ad un arabo se non per il timore che ha nei confronti di Dio e per le buone azioni compiute".[1] (Musnad Ahmad 10/5586, 23972)

Muhammad incoraggiò la liberazione degli schiavi e introdusse regole islamiche per eliminare la schiavitù:

La schiavitù esisteva da secoli ed era parte del sistema sociale non solo in Arabia, ma in tutto il mondo. Gli schiavi erano considerati come beni e parte del patrimonio di molte persone. Dal momento che l'islam protegge la ricchezza e la proprietà di tutti gli esseri umani, la schiavitù fu progressivamente abbandonata.

Muhammad incoraggiò pian piano i credenti a liberare gli schiavi per amore di Dio. Durante i primi anni dell'Islam, i musulmani comperavano uno schiavo per poi liberarlo. Il Profeta disse inoltre che abusare o punire uno schiavo senza una gravissima ragione, significava doverlo poi liberare per espiare quel peccato[2]. Pian piano si arrivò alla completa abolizione della schiavitù.

Un giorno, Muhammad vide Abu Mas'ud al-Badri" che colpì e picchiò il suo schiavo e gli disse fermamente:

"Devi sapere che Allah possiede molto più potere di quello che tu hai nei confronti di questo schiavo". Abu Mas'ud si calmò e si scusò: "Lo libererò per amore di Dio". Il profeta gli rispose: "Se non lo farai, il fuoco dell'Inferno brucerà il tuo volto". (Sahih Muslim, 5/91, 1659)

La protezione e la sicurezza delle persone: Rivolgendosi a più di 100.000 persone, Muhammad disse nel suo ultimo sermone:

"O gente, i credenti sono tutti fratelli. Nessuno può impossessarsi delle proprietà del fratello senza il suo totale consenso. Ho trasmesso il messaggio? O Allah, il mio Signore ne è Testimone.

Perciò non fatevi torti a vicenda. In verità ho lasciato tra di voi, qualcosa che se la tenete in considerazione, non sarete mai persi: il Libro di Dio e la mia Sunna, Vi ho trasmesso il messaggio? O Allah sii mio Testimone".
(Al-Hakim, 1/93, 317. Al-Bayhaqi, 6/96, 11640)

Tutte le persone sono uguali davanti alla legge: Muhammad affermò che tutti avrebbero dovuto rispettare la legge e che i trasgressori sarebbero stati puniti indipendentemente dal loro status sociale. Solo quando la legge viene applicata correttamente tutte le persone possono godere della giustizia e della sicurezza.

I ladri o i rapinatori che attaccano e rubavano le proprietà degli altri erano puniti indipendentemente dalla loro classe sociale o dalla razza. Enfatizzò il fatto che nessuno è superiore alla legge, nemmeno la sua stessa famiglia. Affermò chiaramente che avrebbe punito persino Fatima (la sua amata figlia) se avesse rubato qualcosa a qualcuno[3].

Giudicare con giustizia, la storia di To'mah e l'uomo ebreo: Un giorno, un uomo arabo di nome To'mah bin Ubayriq rubò uno scudo metallico, che era parte di un'armatura nascondendola nella casa di un amico ebreo. Quest'ultimo fu accusato di aver rubato lo scudo, e si difese accusando giustamente To'mah.

Siccome la vittima ebrea non era conosciuta, molti musulmani arabi simpatizzarono con To'mah cercando di convincere tutti della colpa dell'ebreo. Ma dopo un equo processo prevalse la giustizia della legge islamica, provando la colpa di Tomah e l'innocenza dell'uomo non musulmano. In questa situazione fu rivelato il seguente versetto coranico: (Al-Hakim, 4/385, 8256. Tirmithi, 5/128, 3036)

"In verità abbiamo fatto scendere su di te il Libro con la verità, affinché giudichi tra gli uomini secondo quello che Allah ti ha mostrato. Non difendere la causa dei traditori" Corano, Vers. 105, Sura 4

I diritti e gli obblighi delle donne:

Nel suo ultimo sermone, Muhammad ribadì la protezione dei diritti delle donne e disse:

"Gente! Quelli di voi che sono coniugati hanno dei diritti nei confronti delle loro mogli e le mogli a loro volta hanno diritti nei confronti dei loro mariti.

Ricordate che le avete prese in moglie con la fiducia il permesso di Dio, dunque trattate bene le vostre mogli e siate gentili con loro, loro sono le vostre compagne e le vostre continue sostenitrici".

(Sahih Al-Bukhari, 6/27, 5185. Muslim, 4/178, 1468)

Protezione dei diritti degli orfani:

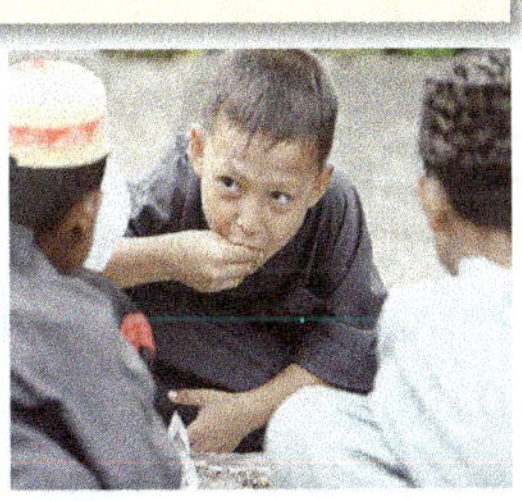

Muhammad diffuse i comandamenti di Dio, in merito a come relazionarsi con gli orfani. Il Sacro Corano, invita ad essere gentili comportandosi bene con loro o proteggendo i loro diritti.

"In verità, coloro che consumano ingiustamente i beni degli orfani non fanno che alimentare il fuoco nel ventre loro, e presto precipiteranno nella Fiamma".

Corano, Vers. 10, Sura 4

Prendersi Cura degli Orfani

Muhammad disse:

"Io e colui che mantiene un orfano, saremo così nel Paradiso" disse mostrando due dita della mano vicine [4]. (Sahih Al-Bukhari, 7/53, 5304)

Restituire i depositi ai proprietari: Un giorno fu chiesto a Muhammad di condurre la preghiera al funerale di una

persona. Egli prima chiese ai compagni: "Sapete se questa persona ha preso in prestito dei soldi da qualcuno o possiede proprietà di qualcun'altro?" Risposero di sì. Ordinò quindi che qualcuno restituisse per lui i beni ai legittimi proprietari e poi avrebbe eseguito la preghiera:

"Allah vi ordina di restituire i depositi ai loro proprietari e di giudicare con equità quando giudicate tra gli uomini. Allah vi esorta al meglio. Allah è Colui Che ascolta e osserva".

Corano, Vers. 58, Sura 4

Tutela dei diritti degli eredi

Secondo la legge islamica, quando una persona muore, i membri della sua famiglia ereditano parti del suo patrimonio (sia ricchezza ma anche i debiti). L'islam non permette però che una persona devolva nel suo testamento più di un terzo del patrimonio in beneficienza. Questo per proteggere i diritti degli eredi legittimi, e per garantire una ripartizione corretta tra di loro.

Muhammad andò a visitare uno dei suoi compagni quando era ammalato. L'uomo disse di possedere una grande ricchezza ed avere solo una figlia come erede; chiese al Profeta se poteva dare due terzi del patrimonio in carità. Muhammad rispose di no. L'uomo chiese metà. Muhammad rispose ancora di no. Allora egli chiese un terzo. Muhammad rispose che un terzo in beneficenza era anche molto ed aggiunse che lasciare l'eredità ai legittimi eredi è meglio che darla ai poveri che chiedono aiuto.

L'Islam vieta l'usura

Muhammad disse: "Allah vi ha interdetto l'usura, perciò d'ora in avanti rinunciate a tutti gli obblighi usurari. Il capitale di cui siete in possesso rimarrà vostro. Non infliggete né soffrite alcuna iniquità. Allah ha stabilito che non vi debba essere alcuna usura."

"Coloro invece che si nutrono di usura resusciteranno come chi sia stato toccato da Satana. E questo perché dicono: "Il commercio è come la usura!". Ma Allah ha permesso il commercio e ha proibito l'usura."

Corano, Vers. 275, Sura 2

Questa è la parola "Muhammad" in arabo con una calligrafia particolare, ripetuta in modo artistico. Farid Al-Ali.

Delitto d'onore e spargimento di sangue sono proibiti: Muhammad abolì lo spargimento di sangue che era precedentemente lecito come vendetta. Nel suo ultimo sermone disse:

"Ogni diritto su un omicidio risalente ai giorni precedenti l'arrivo dell'Islam sarà d'ora innanzi annullato; il primo di tale diritti che io annullo è quello derivante dall'omicidio di Rabi`ah ibn al Harith ibn `Abd al Muttalib (un parente di Muhammad)". (Tirmithi, 5/167, 3087. Ibn-Majeh, 4/243, 3055)

Omicidio intenzionale e omicidio involontario: Un assassinio deliberato deve essere normalmente condannato.

Non
Uccidere

Nel caso invece si uccida qualcuno involontariamente oppure si causi accidentalmente la morte di qualcuno si deve pagare un risarcimento alla famiglia del morto. A quel tempo questa identità era di 100 cammelli. Muhammad disse alla sua gente che chi avrebbe chiesto più di quest'in-dennità sarebbe stato in torto secondo la nuova legge.

Combattere nell'Islam: Muhammad taught his followers to be assertive with their enemies, neither submissive nor aggressive. He was inevitably involved in battle fields. Muhammad set rules and ethics of engagement with enemies in battles and dealing with prisoners of war.

Insegnò ai musulmani a non attaccare mai i civili e non uccidere i bambini, le donne o gli anziani. Non distruggere l'ambiente o rovinare la natura.

NON UCCIDERE

civili, bambini, donne, anziani

NON DISTRUGGERE

l'ambiente e gli alberi

Ricordava spesso che per amore di Dio, quando si è coinvolti in battaglia, bisogna combattere in modo dignitoso e onesto, essere sicuri di sé ma mai aggressivi e che Dio non ama i trasgressori. Il versetto 190 della Sura 2 del Sacro Corano stabilisce le regole basilari nel combattere i nemici e gli aggressori:

> *"Combattete per la causa di Allah contro coloro che vi combattono, ma senza eccessi, ché Allah non ama coloro che eccedono"*

Muhammad considera il suicidio come un peccato molto grave

Muhammad disse: "Chi uccide se stesso con un pezzo di metallo, verrà messo nell'inferno ad uccidersi continuamente con lo stesso pezzo di metallo per l'eternità. Mentre chi si uccide avvelenandosi passerà l'eternità all'inferno ad avvelenarsi. Chi invece si uccide buttandosi da una montagna, continuerà a fare la stessa cosa nell'Inferno per sempre".[5]

L'inviolabilità della vita umana

Allah è il Creatore della vita ed è l'unico che può controllarla. A lui appartengono le vite di tutte le creature sulla terra. Dio afferma, nel sacro Corano, in merito alla vicenda dell'assassinio di Caino, il figlio di Adamo, ucciso dal fratello Abele:

"Per questo abbiamo prescritto ai Figli di Israele che chiunque uccida un uomo che non abbia ucciso a sua volta o che non abbia sparso la corruzione sulla terra, sarà come se avesse ucciso l'umanità intera.
E chi ne abbia salvato uno, sarà come se avesse salvato tutta l'umanità".

Corano, Vers. 32, Sura 5

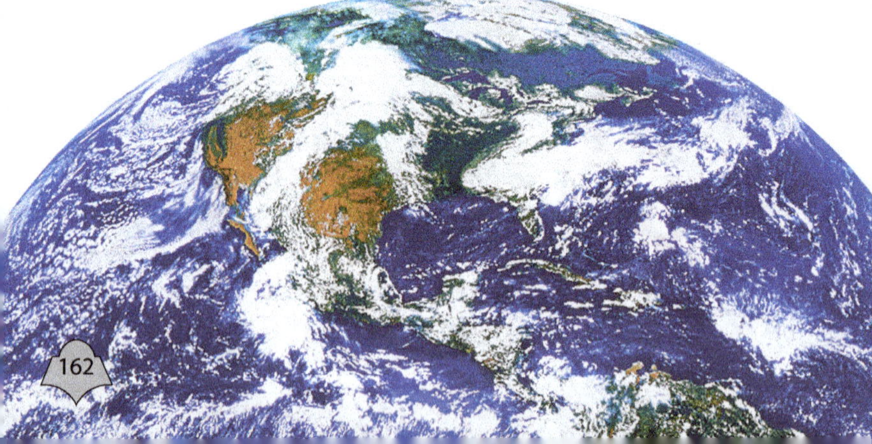

Muhammad condanna la violenza

No alla Violenza

Muhammad non ha mai utilizzato la violenza per trasmettere il messaggio di Dio o imporre la Sua religione. Anche se stabilì uno Stato Islamico a Medina, non indusse la piccola comunità di musulmani rimasti a Mecca a crearsi problemi con i loro nemici. Infatti chiese ai suoi seguaci di rispettare gli ordini sociali della società in cui vivevano.

Muhammad insegnò ai credenti che in qualsiasi situazione venga utilizzata la gentilezza e la misericordia, ci saranno sicuramente dei buoni risultati. Insegnò invece che l'asprezza e l'insensibilità vanno a rovinare ogni situazione.
(Narrato dal musulmano)

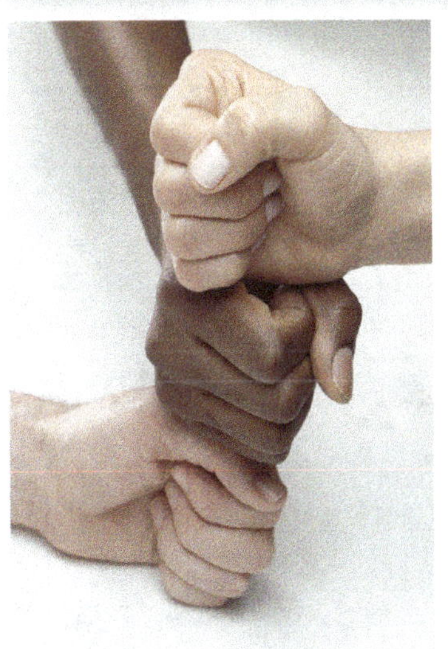

"O uomini!
Vi abbiamo creato da un maschio e una femmina e abbiamo fatto di voi popoli e tribù, affinché vi conosceste a vicenda. Presso Allah, il più nobile di voi è colui che più Lo teme. In verità Allah è sapiente, ben informato".

Corano, Vers. 13, Sura 49. Le Stanze Intime (Al-Hujurát)

I diritti umani sono diritti uguali per tutti senza differenza di razza, di sesso, di colore, di lingua, di religione e di status sociale. Si nasce liberi ed uguali nella dignità e nei diritti. Bisogna agire uno nei confronti dell'altro con uno spirito di fratellanza.

NOTE

1 Riyadh Al-Salihin (1604/5)

2 Riyadh Al-Salihin (1603/4), (1605/6)

3 Per ulteriori informazioni sulla legge islamica e la giustizia nell'Islam vedere http://www.islamreligion.com/category/110/

4 Sahih Al-Bukhari (34/8)

5 Sahih Al-Bukhari (5778) e Sahih Muslim (109)

Nelson Mandela il primo presidente nel Sud Africa democratico. Rappresenta la battaglia per un sud africa democratico e indipendente ove le persone possano vivere insieme come un'unica nazione unita nelle loro diversità.

Motivi artistici della parola Muhammad in arabo. Di Farid Al-Ali.

Capitolo
8

Ambiente

Capitolo 8

Gli insegnamenti di Muhammad per preservare l'ambiente

Muhammad invitava le persone alla natura

Fece capire l'importanza della preservazione dell'ambiente come creazione di Dio. Perciò un credente non deve causare danni alla natura che è parte del regno di Dio. Danneggiare l'ambiente, sprecare o inquinare le risorse (acqua, piante, animali, terreno, aria, l'ecosistema marino etc.) è un grave peccato secondo l'etica islamica.

"Quando un musulmano pianta un seme che cresce al punto che, uomini, animali o uccelli, ne possono beneficiare o mangiare da esso, questo è considerato un'azione caritatevole" (che viene ricompensata da Dio).[1]

Muhammad ﷺ
(Bukhaari, 2320) and (Muslim,1188)

Le risorse naturali sono in perfetto equilibrio

Muhammad ci insegnò che tutte le risorse naturali sono create da Dio e vengono regolate da Lui, con un perfetto equilibrio. Dio dice nel Sacro Corano quello che fu rivelato a Muhammad.

> *"Ogni cosa creammo in giusta misura".* Corano, vers. 49, Sura 54
>
> *"... Ogni cosa ha giusta misura presso di Lui".* Corano, vers. 8, Sura 13
>
> *"... E vedrai le montagne, che ritieni immobili, passare come fossero nuvole. Opera di Allah, Che rende perfetta ogni cosa. Egli è ben informato di quello che fate".* Corano Vers. 88, Sura 27

Le persone hanno uguale diritto a beneficiare delle risorse naturali: Le risorse naturali sono un dono di Dio all'umanità. Nessuno può monopolizzarle. Si narra che Muhammad disse che tutte le persone hanno uguale diritto nella condivisione dell'acqua, del prato, e del fuoco (energia)[2] (eccetto quello che è ufficialmente privatizzato).

"Lode ad Allah il Creatore"
Fauna e Flora sono le creazioni di Dio

"Non danneggiare" è la regola generale: Muhammad stabilì una regola generale per proteggere le risorse naturali, salvaguardando l'ambiente, assicurando le persone diceva:

"non danneggiare o sarai danneggiato".[3]

"La fede in Dio, si divide in 70 parti, il livello maggiore è testimoniare l'unicità di Dio e quello minore è rimuovere un problema o un pericolo dalla strada di qualcuno". 4
Muhammad ﷺ
(Sahih Al-Bukhari, 1/11, 9)

Questa è la parola Muhammad scritta con una particolare calligrafia araba. Sembrano foglie di albero.

Muhammad sollecitava la divisione dell'acqua e condannava la dissipazione e gli eccessi di spreco

Diceva chiaramente al compagno che stava facendo l'abluzione di non sprecare l'acqua anche se si trattava di quella di un fiume che scorre[5].

In un altra occasione Muhammad disse al suo compagno di non inquinare nemmeno l'acqua stagnante oppure dove vi si ha urinato[6].

Dio disse nel Sacro Corano:

> "*...Traemmo dall'acqua ogni essere vivente.*"
> Corano, vers. 30, Sura 21
>
> "*Ché in verità i prodighi sono fratelli dei diavoli e Satana è molto ingrato nei confronti del suo Signore.*"
> *Corano* Vers. 27, Sura 17
>
> "*...Mangiate e bevete, ma senza eccessi, che Allah non ama chi eccede.*" *Corano* Vers. 31, Sura 7

Valori aggiunti per l'ambiente: Muhammad incoraggiò le persone a continuare a salvaguardare l'ambiente anche quando l'intero universo starà per crollare e la vita sul nostro pianeta si starà concludendo. Egli disse:

"Se giunge l'Ora (ovvero la fine del mondo) e qualcuno ha in mano un seme con l' intenzione di piantarlo, lo faccia"[7]. (Musnad Ahmad, 5/2727, 13100)

I credenti devono sforzarsi di portare solo valore aggiuntivo all'ambiente e di proteggerlo. Dio non ama chi causa problemi sulla terra e distrugge le colture e il bestiame[8].

Aggiungere valore

"Cerca, con i beni che Allah ti ha concesso, la Dimora Ultima. Non trascurare i tuoi doveri in questo mondo, sii benefico come Allah lo è stato con te e non corrompere la terra. Allah non ama i corruttori"

Corano, Vers. 77, Sura 28

Benessere degli animali

Muhammad invitava le persone a comportarsi bene nei confronti degli animali: Egli era contro coloro che imprigionavano o rinchiudevano gli animali senza ragione seria. Non voleva che gli animali venissero colpiti sul muso e utilizzò diversi metodi per educare ad avere un corretto comportamento, prima di tutto attraverso il suo stesso esempio di comportamento eccelso, poi anche raccontando storie sugli animali e loro sensibilità.

Gli animali e tutte le altre creature sono parte della comunità come lo siamo noi: Muhammad diffuse le parole di Dio anche in merito a ciò:

> *"Non c'è essere che si muova sulla terra o uccello che voli con le sue ali, che non appartenga ad una comunità. Non abbiamo dimenticato nulla nel Libro. Poi tutti saranno ricondotti verso il loro Signore".*
>
> Corano, Vers. 38, Sura 6, Il bestiame

Trattamento etico degli animali

In un'occasione quando volle trasmettere un messaggio ad una persona riguardo al buon comportamento con gli animali, gli disse che sapeva che quel cammello si lamentava perché veniva caricato con troppo peso e non riusciva a sopportare il carico. (Abu-Dawoud, 2/328, 2549)

In un'altra occasione, Muhammad disse al suo compagno: "Ogni qualvolta catturi un uccello e ti accorgi essere un neonato riportalo da sua madre.[9] (Abu-Dawoud, 3/8, 2675, 4/539, 5268)

Muhammad insegnò la clemenza con gli animali attraverso le sue azioni: Nell'anno 627 DC guidò i suoi seguaci dirigendosi verso Mecca per eseguire l'Umrah (rito religioso di adorazione) quando ad un certo punto cambiò direzione dell'intero convoglio perché non voleva impaurire una cagna che stava partorendo sulla loro strada. Questo luogo è vicino ad una area chiamata Hudaybiya (nota ancora oggi in arabia saudita con questo nome).

Carne Halal

Halal è ben più del cibo lecito: Muhammad insegnò ai suoi seguaci che non avevano diritto di uccidere alcun animale senza il permesso di Dio. Dunque solo con il Suo permesso (di Colui a cui tutte le creature appartengono) certi tipi di animali, possono essere uccisi o sgozzati per essere mangiati. Solo gli animali erbivori possono essere mangiati, il maiale onnivoro non può essere mangiato perché è un animale sporco e pieno di tenie e parassiti come anche nelle sacre Scritturi un animale immondo.

Muhammad insegnò ai suoi seguaci che il modo lecito per uccidere gli animali è solo utilizzare la maniera meno dolorosa: Per esempio gli animali devono essere sgozzati con un coltello con una lama perfettamente tagliente. L'animale non deve essere colpito con un sasso, ne sgozzato di fronte ad un altro animale; disse a una persona che voleva sgozzare un animale davanti ad un altro " vuoi uccidere quella bestia due volte?"[10] (Al-Hakim, 4/231, 7658)

Ambiente

Sarai ricompensato per come tratti gli animali

Un'azione di bontà anche con gli animali merita di essere ricompensata da Dio. Muhammad Narrò a questo proposito la storia di un uomo assetato che trovo un pozzo d'acqua e vide un cane anch'esso assetato che non riusciva a bere. Prese la sua scarpa e la riempì di acqua per abbeverare il cane e Allah fu generoso con questo uomo perdonandogli i suoi precedenti peccati.

In un'altra occasione, Muhammad disse che Dio aveva punito una donna perché imprigionò un gatto fino a farlo morire di fame e sete.[11]

Capitolo
9

Il Miracolo

"Di': Uomini,
Io sono un Messaggero di Allah
a voi tutti
Inviato da Colui al Quale appartiene la sovranità dei cieli e della terra
Non c'è altro dio all'infuori di Lui
Dà la vita e dà la morte
Credete in Allah e nel Suo Messaggero, il Profeta illetterato che crede in Allah e nelle Sue parole:
Seguitelo, affinché possiate essere sulla retta via"

Corano, Vers. 158, Sura 7

Capitolo 9

Il miracolo di Dio a Muhammad

Ci sono persone che credono che la missione di Muhammad di trasmettere il messaggio di Dio e riportare la gente alla fede, fu più dura di quelle dei messaggeri e profeti che lo precedettero. Il miracolo principale che portò con sé fu quello del Sacro Corano, recitato in lingua araba, come una rivelazione divina da Dio.

Sebbene la forte resistenza che dovette affrontare dal suo popolo, egli trasmise il messaggio alle nazioni e comunità di diverse lingue, culture e religioni al di fuori della penisola arabica.

"Non meditano sul Corano? Se provenisse da altri che da Allah, vi avrebbero trovato molte contraddizioni".

Corano, Vers. 82, Sura 4

Perché il Corano è considerato un miracolo eterno?

A differenza dei miracoli fisici, portati dagli altri profeti e messaggeri tutti mandati da Dio, miracoli riconosciuti e visti solo dalle persone che vivevano al tempo, il Sacro Corano è il miracolo eterno che si può vedere, toccare, leggere e trasmettere di generazione in generazione.

محمد

Per i musulmani il Sacro Corano è la parola di Dio e il Suo eterno messaggio a tutta l'umanità, è l'unico libro proveniente da Dio che non ha subito modifiche o alterazioni dal Suo Messaggero o da chiunque altro. Dio disse nel Corano Vers. 88, Sura 17:

> *"Di': "Se anche si riunissero gli uomini e demoni per produrre qualcosa di simile a questo Corano, non ci riuscirebbero, quand'anche si aiutassero gli uni con gli altri".*

Il miracolo della preservazione del testo coranico: L'attuale Sacro Corano è lo stesso che è stato rivelato al Profeta Muhammad più di 1400 anni fa. Fu memorizzato da numerosi uomini pii (parola per parola e lettera per lettera).

Subito dopo la morte del Profeta il Corano completo fu prima trascritto in un libro, durante il califfato di Abu Bakr Al-Siddiq. Successivamente furono prodotte diverse copie precisissime e distribuite nelle regioni o stati islamici, e questo durante il califfato di Othman Ibn Affan già solo a 13 anni dalla morte del Profeta Muhammad.

Questo fa parte di un versetto del Sacro Corano dove Dio disse: "InvocateMi, vi risponderò". Vers. 60, Sura 40 (Il Perdonatore)

Il concetto del "tawaatur" ovvero imparato a memoria da una persona ad un'altra e con una rigida certificazione sulla conoscenza della persona che lo ha insegnato, conferma l'assoluta autenticità del Libro che è stato tramandato da generazione in generazione senza cambiare nemmeno una congiunzione.

Il carattere distintivo del Corano: È importante notare invece che (gli hadith) i detti e gli insegnamenti del Profeta non sono inseriti nel Corano (che contiene solamente le parole di Dio, senza alcun commento o elaborazione di nessun essere umano). I detti di Muhammad e i suoi insegnamenti sono stati raccolti in libri "la Sunna e i detti del Profeta" dove è contenuta anche la spiegazione del Libro (il Sacro Corano).

La distinzione tra i libri di hadith e gli altri libri sacri:

I libri sacri delle altre religioni sono stati scritti da esseri umani con loro parole e loro frasi. Dato che i libri di Hadith sono stati raccolti da sapienti musulmani che contengono le parole di Muhammad, molti ricercatori li considerano simili agli altri libri sacri.

Per esempio, la Bibbia fu scritta durante un periodo di 1400/1800 anni da più di 40 autori diversi. Si contano 66 libri separati, principalmente divisi in: vecchio Testamento (che contiene 39 libri) e nuovo testamento (27 libri).

Il modo di riferirsi del Sacro Corano indica che è Dio che parla all'umanità. Spesso si legge il pronome "noi" (perché Dio parla alla prima persona plurale), oppure si trova l'imperativo singolare quando ordina a Muhammad (pbsl) di dire all'umanità. Muhammad dichiarò subito che ciò che recitava erano le parole di Dio e non le sue parole.

La preservazione miracolosa dello stile della recitazione del Corano: Quando il Sacro Corano viene letto o recitato, il termine Tajwid è comunemente usato e sottolineato per descrivere la conoscenza delle regole che controllano e guidano alla lettura del Sacro Corano.

I musulmani affermano che non solo il testo del Corano fu preservato miracolosamente ma anche lo stile di recitazione che utilizzavano Muhammad e i suoi compagni.

Lo stile di recitazione del Sacro Corano è documentato da narratori e recitatori, da Muhammad e i suoi compagni fino ad oggi (questo per tutto il mondo islamico da generazione in generazione).

Il Tajwid è una scienza unica nel suo genere non presente in alcuna altre religione. Riflette l'alto livello di attenzione che fu data dai compagni per preservare il modo di recitare il Sacro Corano (parole di Dio).

La lingua miracolosa del Corano: Il Sacro Corano fu rivelato originariamente in Arabo. I sapienti musulmani affermano che la lingua araba è superiore a molte altre lingue in quanto supporta un esteso numero di vocaboli e una grammatica molto dettagliata e di alto livello.

Questo indica che la lingua araba è più precisa di molte altre nel descrivere le parole di Dio. Per esempio la lingua araba possiede 28 lettere, molte delle quali non esistono in diverse lingua come la lettera "Dhad" che potrebbe essere una D "pesante" e Taa" una T "pesante".

Il numero delle derivazioni che si possono formare da ogni singola radice supera il centinaio e il numero totale delle **parole in lingua araba sono più di 6 milioni**. Questo numero è molto superiore alle parole delle altre lingue.

I miracoli scientifici nel Sacro Corano

Il big bang e la creazione dell'universo

Al tempo di Muhammad nessuno ancora sapeva niente sulla creazione dell'universo e del movimento dei pianeti, che la terra fosse rotonda o piatta. Per i musulmani Dio, è il Creatore della Terra e dell'universo, è l'unico che conosce ciò che è stato creato.

1400 anni fa, il Sacro Corano menzionò la creazione dell'universo e il movimento del sole e della luna, la rotazione della terra e l'alternarsi del giorno e della notte.

La scienza moderna spiega la creazione della terra e dell'universo con la teoria del big bang che è supportata da esperimenti ed osservazioni raccolti in decenni. Secondo questateoria l'intero universo era inizialmente una massa unica che una volta esplosa ha dato origine alle galassie e tutto il resto.

L'espansione dell'universo

Nel 1925, un astronomo americano, Edwin Hubble, evidenziò attraverso l'osservazione che le stelle si muovono allontanandosi una dall' l'altra, che significa che le galassie e l'intero universo si espande. Inoltre questo stabilisce scientificamente che i pianeti ruotano attorno al sole in orbite ellittiche sui loro assi.

Sorprendente è la somiglianza tra questa scoperta fatta dalla scienza moderna e i seguenti versetti del Sacro Corano recitato da Muhammad più di 14 secoli fa e custoditi fino ad ora.

"Non sanno dunque i miscredenti che i cieli e la terra formavano una massa compatta? Poi li separammo e traemmo dall'acqua ogni essere vivente. Ancora non credono? Corano, Vers. 30, Sura 21 (I Profeti)

Poi si rivolse al cielo che era fumo e disse a quello e alla terra: "Venite entrambi, per amore o per forza". Risposero: "Veniamo obbedienti!" Corano, Vers. 11, Sura 41 (Fussilat)

"Egli è Colui Che ha creato la notte e il giorno, il sole e la luna: ciascuno naviga nella sua orbita".
Corano, Vers. 33, Sura 21 (I Profeti)

"Il cielo lo abbiamo costruito con la Nostra potenza e [costantemente] lo estendiamo nell'immensità."
Corano, Vers. 47, Sura 51 (Thariyat).

L'embriologia e la creazione del genere umano

Muhammad recitò i seguenti versetti coranici che spiegano la creazione degli esseri umani. Nessuno, in quel tempo, 1400 anni fa, era a conoscenza dell'embriologia.

> *"...Vi ha creati da un solo essere, da cui ha tratto la sua sposa. Del bestiame vi diede otto coppie, Vi crea nel ventre delle vostre madri, creazione dopo creazione, in tre tenebre[successive]. Questi è Allah, il vostro Signore?".*
>
> Corano, Vers. 6, Sura 39 (Al-Zomar)

La scienza moderna oggi ci spiega che ci sono tre strati che circondano il feto nell'utero il quale fornisce solidità e protezione all'embrione; (1) la parete addominale delle madre, (2) la parete uterina e (3) la membrana amnio-coriale.

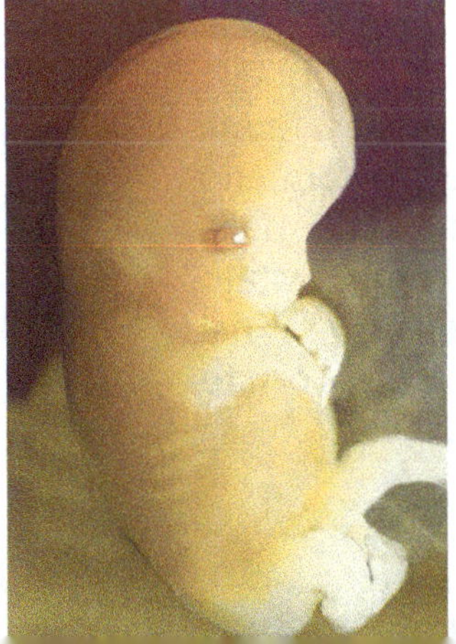

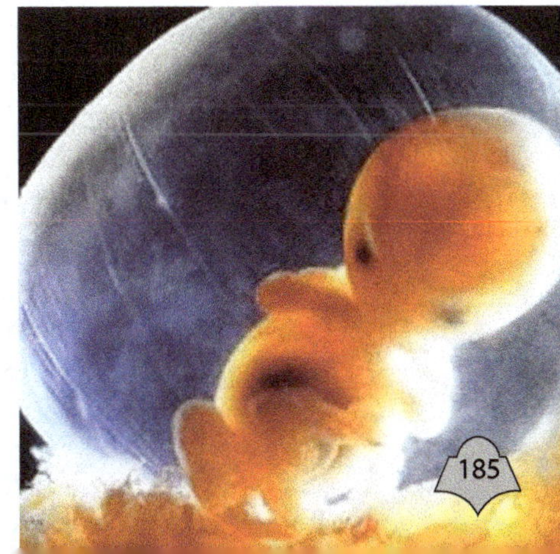

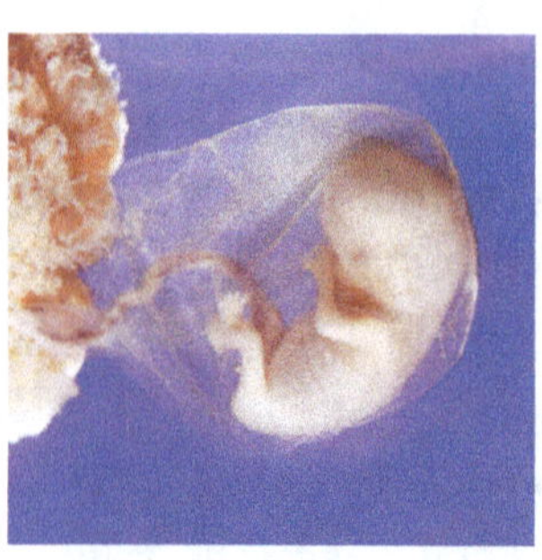

La creazione dell'essere umano viene descritta miracolosamente dal seguente versetto coranico

aderenza

embrione

ossa

carne

"In verità creammo l'uomo da un estratto di argilla. Poi ne facemmo una goccia di sperma [posta] in un sicuro ricettacolo, poi di questa goccia facemmo un'aderenza e dell'aderenza un embrione; dall'embrione creammo le ossa e rivestimmo le ossa di carne. E quindi ne facemmo un'altra creatura. Sia benedetto Allah, il Migliore dei creatori".

Corano, Vers. 12-14, Sura 23

Sorprendentemente lo sviluppo embrionale presentato dal Corano è identico a quello scoperto poi dalla medicina, la quale afferma che le ossa si formano ancora prima della carne come è stato menzionato nel versetto riportato sopra[2].

Inoltre, gli scienziati scoprirono che il senso dell'udito si sviluppa prima di quello della vista. Questo dunque è compatibile con ciò che il Corano aveva menzionato nei versetti (32:9) (76:2) (23:78) i quali riferiscono che l'udito si forma prima della vista.

"...Sia benedetto Allah, il Migliore dei creatori!".

Corano, Vers. 14, Sura 23 (i credenti)

309 **Conteggio sorprendente di anni** la sura18 (La Caverna) versetto 25 narra la storia dei sette dormienti e afferma che essi hanno dormito per 300 anni più altri 9. Nessuno sapeva al tempo di Muhammad come mai il versetto non indicasse il totale numero di 309 invece dell'espressione sopracitata 300+9.

Al tempo stesso nessun in Arabia conosceva la differenza tra il calendario solare o gregoriano e quello lunare. La luna infatti è più breve del sole di 11 giorni. Il fatto sorprendente è che in 300 anni la differenza tra il calendario solare è quello lunare è di **9** anni.

Il Sacro Corano è comunemente stampato in 604 pagine. Esso contiene 80.000 parole circa che formano 6348 versetti che compongono 114 Sure. La Sura più lunga nel Sacro Corano è composta di 286 versetti e la più breve è composta da 3 versetti soltanto.

Il miracolo nozionale degli eventi futuri

I versetti 2-5 della Sura 30 del Sacro Corano:

"Sono stati sconfitti i Romani, nel paese limitrofo; ma poi, dopo essere stati vinti, saranno vincitori, tra meno di dieci anni - appartiene ad Allah il destino del passato e del futuro - e in quel giorno i credenti si rallegreranno dell'aiuto di Allah: Egli aiuta chi vuole, Egli è l'Eccelso, il Misericordioso".

Al tempo di Muhammad era impossibile per gli Arabi, prevedere lo sviluppo del conflitto tra le due superpotenze dell'epoca nei successivi anni, quando esattamente 10 anni dopo come preannunciato l'Impero romano ristabilì la vittoria sui Persiani a Ninive (una città in Iraq).

La miracolosa geografia

Oggi le ricerche geologiche affermano che il Mar Morto che si trova nella spaccatura di una valle in Giordania, è il lago più profondo del mondo unico e altamente salino. Si trova 422m (1.385 piedi) sotto il livello del mare. Le sue sponde si trovano nel punto più inferiore della superficie terrestre. I versetti coranici riportati qua sopra indicano che i romani furono sconfitti nella terra che ha la maggior depressione al di sotto del livello del mare.

Nota: La parola originale in lingua araba "adna" vuol dire significato ma anche più vicino e più basso.

NOTE

1. Il vecchio testamento fu scritto in aramaico nel 1500-400 AC. Il nuovo testamento fu composto in greco e scritto nella prima metà del primo secolo dc. Si conferma generalmente che il libro di Matteo è il primo vangelo scritto tra il 50 e 70 dc. Tra i quattro vangeli quello di Giovanni è quello scritto per ultimo attorno al 85 DC.

2. Leggi maggiori info sull'embriologia
   www.quranandscience.com
   www.islamreligion.com

3. Per avere ulteriori informazioni scientifiche che riguardano il Corano si può consultare www.eajaz.org,
   www.islamhouse.com

Questa è l'attestazione di fede islamica con una calligrafia particolarmente artistica, ovvero : Attesto che non c'è altro dio all'infuori di Dio e che Muhammad è il Suo servo e il Suo messaggero.

Capitolo
10

I suoi detti

Muhammad disse (intrecciando le dita delle mani):

"I credenti sono legati così gli uni agli altri"

(Narrated da Bukhari (481), Muslim (2585)

Muhammad disegnando tre linee nella sabbia disse: Questo (la linea più bassa) è l'essere umano (che ha molte speranze e piani nella vita terrena). Mentre vive per raggiungere queste speranze (la linea più alta) arriva la morte (la linea nel mezzo)".

(Narrato da Al Bukhari (6147), Muslim (1671)

Capitolo 10

I suoi detti

I detti e gli insegnamenti di Muhammad sono molto influenti in quanto coprono la maggior parte degli aspetti della vita: spiritualità, morale, matrimonio e vita familiare, commercio e altro ancora. Questi affermazioni di Muhammad emanano da una base di saggezza e divina rivelazione.

Le affermazioni, le azioni e gli attributi di Muhammad sono conosciuti come sunnah (abitudine) e sono corposi in raccolte di detti, o hadith. La sunna rappresenta la seconda fonte della legislazione islamica dopo il Corano.

> *"Il vostro compagno (ndr Muhammad) non è traviato, non è in errore. E neppure parla d'impulso"*
>
> *Corano, Vers. 2 e 3, Sura 53*

"Beneficia di cinque (cose) prima di morire:
La giovinezza prima della senilità
La salute prima della malattia
La ricchezza prima della povertà (bisogno)
Il tempo libero prima della fatica
La vita prima della morte". (Al-Hakim in Al-Mustadriq No. 7846 (4/341)

"I perfetti credenti sono coloro che hanno buone maniere".

(Narrato da Tirmithi)

"Ci sono due doni di Allah che le persone sottovalutano: la salute e il tempo libero". (Bukhaari, 6049)

"L'invidia è proibita eccetto in due casi: (desiderare di avere qualche cosa che gli altri hanno, senza voler male a loro). Il primo caso è invidiare un uomo a cui Dio ha donato la ricchezza che la spende in modo corretto donandola, e il secondo caso un uomo a cui Dio ha concesso la saggezza e che si comporta in modo maturo e la insegna ad altri". (Bukhari, 73/15)

"Rendi le cose semplici alle persone (in merito alle questioni religiose) e non renderle pesanti per loro, dai a loro la buona novella e non farli paventandoli".

(Bukhari, 69/11)

"Allah benedice coloro che sono onesti nel commercio e benedice i loro affari. Invece Dio non benedice coloro che mentono nascondendo la verità". (Bukhari, 2082/22)

"Non sei un vero credente fino a quando non desideri per tuo fratello, ciò che desideri per te stesso". (Bukhari, 13/7)

"Ogni musulmano è obbligato a fare una sadaqa, se non ha nulla da dare come sadaqa (elemosina) che lavori, sia utile per e sia d'aiuto agli altri, se non riesce aiuti chi ne ha bisogno, se non riesce ordini il bene, e se non riesce trattenga l'azione malvagia, anche questa è una sadaqa". (Bukhari, 1445/30)

"Quando un uomo (o una donna) muore, avrà ricompensa anche da morto per tre situazioni: un'azione caritatevole che continua a produrre beneficio, la scienza che ha lasciato all'umanità, o un figlio/figlia buoni che pregano chiedendo a Dio di perdonare il genitore".

(Narrato da Muslim, Tirmidhi, Nissa'i)

"Ovunque tu sia, temi Allah; ad una cattiva azione fai seguire un'opera buona, la quale cancellerà la prima. Tratta la gente benevolmente". (Tirmithi - 1987 e Ahmad 5/153)

"La rettitudine è la buona condotta; il peccato è ciò che fa vacillare la tua anima e ti ripugna che gli altri ne vengano a conoscenza". (Muslim, 15/2553)

"Il forte non è chi vince nel combattimento, ma chi riesce a controllare la sua collera".

(Bukhaari, 5785) and (Muslim, 4853)

"Chi crede in Allah e nell'Ultimo Giorno dica bene (del prossimo) o taccia. Chi crede in Allah e nell'Ultimo Giorno sia generoso con il vicino. Chi crede in Allah e nell'Ultimo Giorno sia generoso con l'ospite".

(Bukhari, 6018 e Muslim 74-47)

I Detti del Profeta
I miracolosi detti di Muhammad in merito al cibo e alla medicina

La prevenzione è la migliore della cura: Anche se Muhammad non era un medico, tutti i suoi detti sul cibo, sulla salute, sulle abitudini alimentari, sui trattamenti con le erbe e la medicina alternativa furono raccolti in un libro chiamato "la medicina profetica".

Muhammad dichiarò più volte che lo stomaco è il peggiore contenitore da riempire. Piccoli pasti e pochi morsi sono sufficienti per saziare sufficientemente una persona, e ciò è meglio che riempirlo completamente. Questo questo mangiare poco evita problemi di salute.

lostomaco, è il peggiore contenitore da riempire

Egli incoraggiò i suoi compagni a mangiare e bere con moderazione, evitando l'obesità, mantenendosi sempre attivi e avendo uno stile di vita salutare. Recitò le seguenti parole di Dio nel Sacro Corano:

> *"O Figli di Adamo, abbigliatevi prima di ogni orazione. Mangiate e bevete, ma senza eccessi, ché Allah non ama chi eccede"*
>
> Corano, Vers. 31, Sura 7

Muhammad prescrisse l'orzo

Oggi le ricerche hanno dimostrato i suoi sorprendenti benefici per la salute. L'orzo è il cereale che funge da cibo completo per l'alimentazione sana.

Contiene enormi quantità di enzimi, vitamine, minerali, e gli otto amminoacidi essenziali, incluso il triptofano che aiuta a prevenire la depressione.

orzo come anti-depressivo

Muhammad raccomandava la minestra di orzo per i problemi allo stomaco indicando in uno dei suoi detti che aiutava ad alleviare i dolori e la depressione. Sua moglie Aisha, soleva raccomandare ai parenti di una persona deceduta di mangiare la minestra di orzo per alleviare il dolore della perdita. (Bukhaari, 5365) and (Muslim, 2316)

Sulla base delle ricerche mediche, le malattie depressive si riscontrano quando si ha un calo di alcuni neurotrasmettitori chimici nel cervello che sono responsabili dell'umore della persona. Gli antidepressivi stimolano e aumentano il livello dei neurotrasmettitori.

I tre principali neurotrasmettitori associati all'umore sono la serotonina, la norepinefrina, e la dopamina. Gli scienziati hanno da poco scoperto che l'orzo influenza la produzione di serotonina, alleviando la depressione. La prescrizione dell'orzo fatta da Muhammad 1400 anni era sicuramente una medicina miracolosa.

Grano Oppure Orzo?

È noto anche che Muhammad non consumasse regolarmente grano o frumento, preferiva l'orzo o il pane fatto con la farina di orzo.

Si è scoperto anche che persino il seme dell'orzo ha numerosi benefici di salute. Che regola gli zuccheri nel sangue, previene l'accumulo del sangue e riduce la produzione del colesterolo.

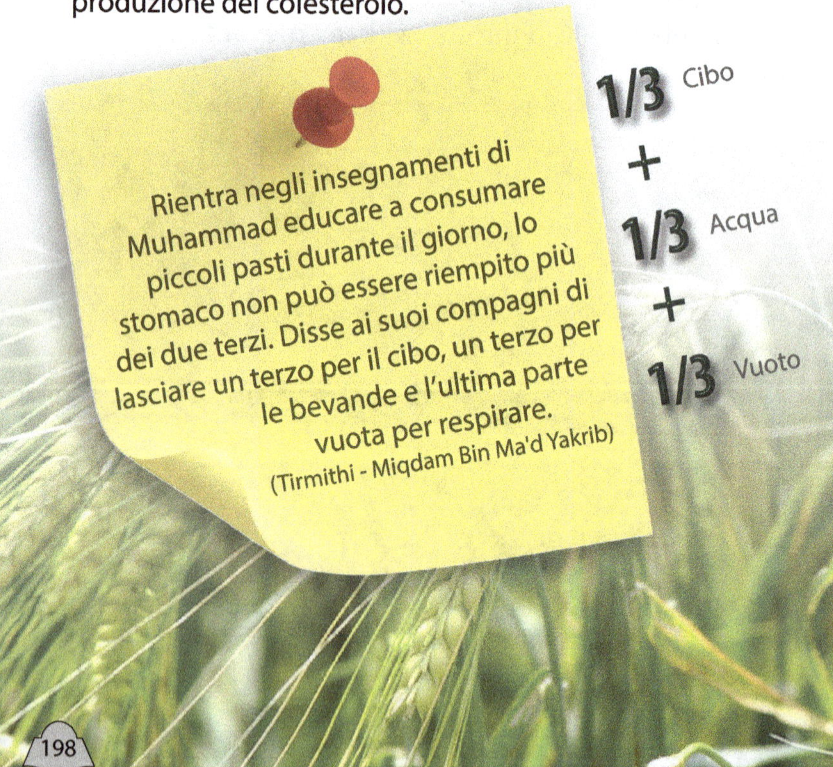

Rientra negli insegnamenti di Muhammad educare a consumare piccoli pasti durante il giorno, lo stomaco non può essere riempito più dei due terzi. Disse ai suoi compagni di lasciare un terzo per il cibo, un terzo per le bevande e l'ultima parte vuota per respirare.
(Tirmithi - Miqdam Bin Ma'd Yakrib)

L'acqua minerale di Zamzam: Zamzam è il nome della acqua minerale che fuoriesce dal pozzo che si trova a 20 metri ad est della Kaaba nella città di Mecca, il posto più sacro nell'Islam. I musulmani affermano che questo pozzo è sgorgato miracolosamente formandosi più di migliaia di anni fa quando il piccolo Ismaele, il figlio di Abramo e Hagar assettato, continuava a scalciare il terreno e fece sgorgare l'acqua sotto il suo piedino.

E' leggermente alcalina (pH = 7,5) ed ha un sapore buono. *(Bere acqua demineralizzata come le acque distillate crea un pH acido nello stomaco e nell'intestino. Inoltre, aggrava il reflusso acido).*

Muhammad disse che Zamzam è un'acqua benedetta da Dio ed guaritrice, (narrato da Bazzar e Tabarani).

Secondo la FDA (autorità indiscussa americana sulla ricerca sul cibo) l'acqua minerale è composta da almeno 250 parti per milione (ppm) (liquidi totali dissolti TDS).

L'analisi chimica dell'acqua di Zamzam rivela che contiene TDS in eccesso per un valore di 1000 ppm di mg/L. È conforme agli standard mondiali e rientra nella acque perfettamente potabili.

Un pasto completo dovrebbe contenere numerosi minerali utili per il corpo umano come il calcio (per rafforzare le ossa e il cuore, i muscoli e il corretto funzionamento dei nervi) il fluoro che è necessario per i denti e il bicarbonato che aiuta la digestione.

L'acqua di Zamzam è una delle acque potabili più ricche di calcio. Contiene 195-200 mg/L (che è il 20% della porzione media di calcio raccomandata dagli adulti).

È ua quantità ben più alta della nota acqua minerale commerciale "Evian" che contiene 78-80 mg/L di calcio e "Perrier" (147-150 mg/L)[5].

Questa acqua minerale ha una grande funzione terapeutica, allevia le infiammazioni dei muscoli, i reumatismi e l'artrite.

Questa è la parola "Rasul Allah" (messaggero di Dio) in arabo, scritta con uno stile che ci ricorda le goccioline di acqua. Farid Al-Ali

Tartufi come medicina

Muhammad disse: "i tartufi sono una specie di manna (mandata per i figli di Israele) e il loro succo è una medicina per gli occhi".
(Bukhaari, 5708) and (Muslim, 5244)

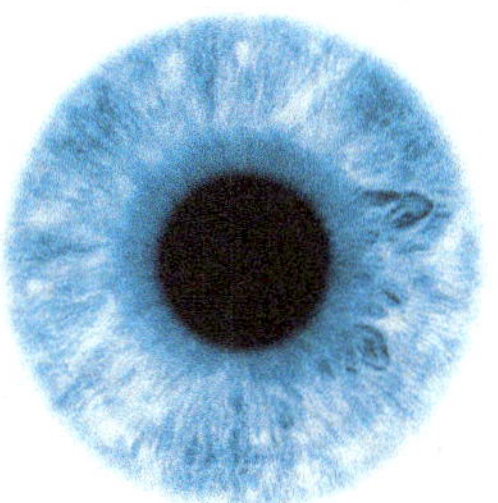

Il tartufo è un fungo carnoso, cresce in gruppi sotto la superficie del terreno (2,50 cm di profondità) nelle aree umide del deserto senza ombra o copertura. Ha un profumo molto forte e particolare, può essere di colore bianco, grigio o marrone.

Le ricerche moderne dimostrano che il tartufo è composto da acqua e che la parte rimanente è composta da un mix di proteine, grassi, carboidrati e altri minerali.

La scienza oggi ha scoperto che il liquido presente nel tartufo ha un effetto curativo per i problemi legati all'occhio come ad esempio il tracoma che è un'infezione ottica che può causare danni alle cellule della cornea.

Muhammad e l'olio d'oliva

Muhammad disse che l'olio di oliva proviene da un albero benedetto. Raccomandò i compagni di mangiare le olive e di cospargere il loro olio sulla pelle del corpo. (Tirmithi, 1851)

Le scoperte scientifiche di oggi confermano che l'olio d'oliva ha numerosi benefici. La maggior parte degli acidi che sono presenti nell'olio d'oliva provengono da grassi insaturi che offrono una protezione contro le malattie cardiache controllando LDL (colesterolo cattivo) aumentando nel contempo i livelli di HDL (colesterolo buono).

L'olio di oliva è molto tollerato dallo stomaco, infatti è consigliato per i problemi di ulcera e la gastrite.

L’olio extra vergine d’oliva di prima spremitura contiene alti livelli di antiossidanti, in particolare la vitamina E, e fenolo perché è meno elaborato.

Al giorno d'oggi, l’olio di oliva è considerato un ottimo rimedio per il problemi della pelle e un perfetto idratante.

Tutti coloro che sono a rischio di diabete, vengono consigliati di fare una dieta a base di pochi grassi e pochi carboidrati e condire con l’olio di oliva. Gli studi mostrano che l'olio di oliva è una dieta che si basa solo su pasti con pochi contenuti di grassi controlla il livello degli zuccheri nel sangue.

Capitolo
11

Epilogo

Moschea del Profeta Muhammad (pbsl)
(Al-Masjid al-Nabawi) Medina, Saudi Arabia

Nota: La casa e la tomba del profeta Muhammad (pace su di lui) di fianco alla moschea.

Capitolo 11

Muhammad.. l'uomo

La storia ci ha ricordato il modo educatissimo e disponibile con cui Muhammad si rapportava con le persone. I suoi insegnamenti si basavano sull'amabilità e sulla fratellanza. Non c'era avversità nel suo comportamento.

Micheal Hart disse nel suo libro: "Le 100 persone più influenti della storia":

"Seppur modeste origini, Muhammad fondò e promulgò una delle religioni più grandi divenendo un leader politico efficace. E giusto oggi 13 secoli dalla sua morte, la sua influenza e il suo potere sono ancora ben presenti e persuasivi. La maggior parte delle persone di cui narrò nel mio libro sono state fortunate di nascere e crescere in centri civilizzati e nazioni molto colte con una situazione politica forte".a differenza di Muhammad che nacque nel 570 DC, nella città di

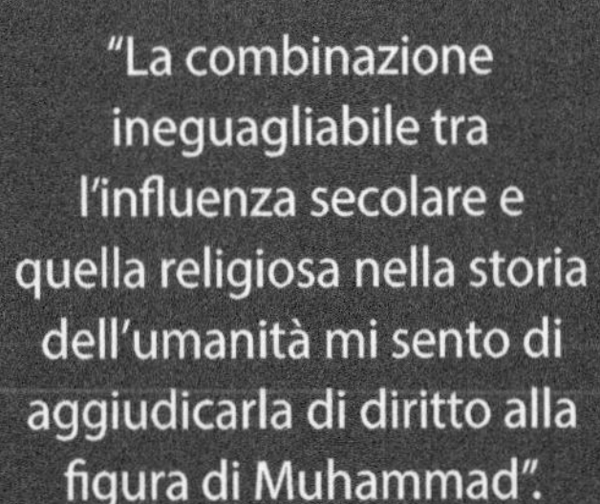

Questa è la parola Muhammad in arabo con una calligrafia particolarmente artistica.

Mecca, nel sud dell'Arabia che a quei tempi era retrograda e lontana dal commercio, dall'arte e dall'apprendimento".

"E' probabile che l'influenza di Muhammad che ha avuto sull'Islam, sia ben più vasta di quella di Gesù Cristo o di San Paolo. Mentre a livello sprituale sembra che Muhammad fu influente sull'umanità nella storia umana come fu Gesù".

Muhammad, il leader

Parlando obiettivamente di Muhammad, il politico e scrittore Lamartine nel suo libro "Storia della Turchia" disse:

"Se la grandezza dell'obiettivo, l'umiltà di voler trasmettere semplicemente significati grandi e l'immensità dei risultati finali sono le tre misure del genio umano, chi possiamo paragonare a Muhammad l'uomo più grande della storia?".

"Mai un uomo ha proposto per se stesso volontariamente o involontariamente, un obiettivo più sublime: minare la superstizione che esiste tra la creatura e il Creatore, restituire Dio all'uomo e l'uomo a Dio, ripristinare l'idea razionale della divinità in mezzo a questo caos prevalente di materialismo, e quindi sfigurare l'idolatria. Mai un uomo

realizzò in così breve tempo una rivoluzione immensa che dura ancora uguale 14 secoli dopo la sua morte nel mondo intero".

Lamartine inoltre affermò che Muhammad non utilizzò armi e imperi per creare una forza materiale, ma mosse idee, credenze spirituali e anime. Tutto questo con un Libro in cui ogni lettera diventa legge, con una nazionalità spirituale che abbraccia le persone di tutte le lingue e razze del mondo.

Muhammed Messaggero di Dio

La storia di Suraqa e la previsione che si avverò dopo 20 anni

Quando Muhammad emigrò a Medina nel 622 dc con il suo migliore amico Abu Bakr, i leader meccani annunciarono una grande ricompensa di 100 cammelli per colui che avrebbe trovato Muhammad vivo o morto.

Successe che Muhammad e il suo compagno furono scoperti da uno dei cavalieri arabi di nome Suraqa bin Malik tentato dalla ricompensa. Però mentre cavalcava, il suo cavallo si fermò più volte ed infine cade a terra. Egli capì che si trattava di un incidente straordinario, come se fosse un messaggio che Muhammad fosse supportato dalla potenza divina.

Quando poi Suraqa si avvicinò a loro, Muhammad gli disse: "Ritorna dalla tua gente e ti prometto che un giorno (durante lo stato islamico) tu indosserai i braccialetti di Chosroe, il re Persiano Khusrow bin Hormuz, l'imperatore dell'Iran". Al-Bayhaqi in Al-Sunan Al-Kubra (6/357), no. 13156

Suraqa convinto dalla promessaritornò indietro da solo, ma non abbracciò l'Islam fino a quando Muhammad conquistò Mecca 8 anni dopo (630 DC).

Muhammad morì nell'anno 632 dc ma la sua promessa fatta a Suraqa, rimase in eredità ai suoi compagni.

Quando Omar ibn Al-Khattab divenne il secondo califfo dell'Impero Islamico. L'Islam aveva raggiunto la Persia nell'anno 642 dc e tutti i tesori di Kusrow finirono nelle mani del Califfo.

Omar si ricordò della storia di Suraqa e lo mandò a chiamare (erano passati 20 anni dall'episodio); dopo la preghiera in congregazione, disse a Suraqa: "Eccoti i bracciali di Khusrow, l'imperatore della Persia, questo è quello che ti aveva promesso il Profeta Muhammad. Mettili e mostra a tutti i musulmani che le promesse di Muhammad vengono mantenute."

Suraqa pianse insieme a tutti i presenti. La promessa fatta da Muhammadsi avverò anche dopo la sua morte.

Muhammad, il Messaggero di Dio

Nell'anno 630 DC, Muhammad vinse contro i leader di Mecca e conquistò in modo pacifico la città. Ritornò a casa sua non con l'intenzione semplice di viverci, ovvero non per suoi motivi personali, ma per annullare il paganesimo e ripristinare l'obiettivo iniziale della Kaaba (la costruzione cubica che fu eretta da Abramo per adorare il Dio Unico), e rimuovere tutti gli idoli che vi erano attorno. Chiese per prima cosa al compagno Bilal di salire in cima alla montagna e fare la chiamata alla preghiera:

"Iddio è Grande, Iddio è Grande, Testimonio che non c'è nessuna divinità all'infuori di Allah e che Muhammad è il Suo Messaggero".

Quindi domandò le chiavi della Kaaba ad Othman bin Talha (della famiglia di Bani-Shayba) che era in quel momento il custode della chiave (onore e responsabilità trasmessa di padre in figlio in quella famiglia).

Othman un musulmano appena convertito, molti anni prima da miscredente aveva impedito a Muhammad di entrare nella Kaaba e pregare.

Quel giorno diversi musulmani chiesero di poter avere l'onore di tenere loro le chiavi della Kaaba, e tutti aspettavano curiosi di vedere a chi Muhammad avrebbe dato infine questo compito e responsabilità.

Muhammad entrò nella Kaaba, rimosse gli idoli, poi guardò Othman e gli disse (nel rispetto verso gli accordi precedenti):

> "Oggi è un giorno di lealtà e di pietà. Riprendi la chiave. Da qui al giorno del giudizio nessun altro terrà queste chiavi eccetto voi famiglia di Bani Shayba". Narrated by al-Tabaraani in al-Kabir (11/120) No .: 11234,

Una fedeltà che dura fino ad oggi

Le chiavi sono tutt'ora custodite dalla famiglia di Bani Shayba!

Più di 1400 anni sono passati e la chiave è stata tramandata di generazione in generazione. Fino ad adesso nessuno ha avuto il diritto di prendere da loro le chiavi.

Quando le autorità saudite eseguono l'annuale preparazione e pulizia della Kaaba per il pellegrinaggio, contattano una persona della famiglia dei Bany Shayba per aprire loro la porta della Kaaba.

Karen Armstrong autrice di "Mohammad un profeta del nostro tempo" scrive che tutti noi dobbiamo avvicinarci alla vita del Profeta Muhammad dando un giusto e rispettoso peso ai notevoli successi da lui ottenuti. Diede lezioni importanti non solo ai musulmani, ma anche a noi in Occidente.

Si può dire che Muhammad portò la pace in quella difficile terra che è oggi l'Arabia Saudita. La sua vita fu una missione instancabile contro l'avidità, l'ingiustizia e l'arroganza.

Karen scrive anche di essere persuasa che volendo evitare una catastrofe (musulmani ed occidentali gli uni verso gli altri) dovremmo imparare a rispettarci e apprezzarci e Il modo migliore è quello di iniziare comportandoci secondo l'esempio di Muhammad.

La porta d'oro della Moschea del Profeta Muhammad (Al-Masjid Al-Nabawi Al Sharif), Medina, Arabia Saudita

Capitolo 12

Arte, Calligrafia e Architettura Islamica

Foto scattata da Peter Gould. Sultan Qabus, Grande Moschea - Oman

L'arte e la calligrafia islamica, Bahrain

L'arte digitale, Peter Gould

L'artista australiano e designer Peter Gould fondò Azaan. (www.azaan.com.au), per soddisfare la sua passione per l'arte e il design grafico, la fotografia e la ricca spiritualità della tradizione nell'Islam. Viaggiò e studiò nel mondo arabo e trovò ispirazione nella unica fusione culturale e reattiva. Il lavoro di Peter ha raggiunto un vasto pubblico a livello locale e internazionale attraverso esposizioni e collaborazioni con altri artisti.

Peter Saunders, Gran Bretagna

È un fotografo britannico professionista, ha più di 1 quarto di milioni di fotografie professionali, raccolte durante le sue riprese di civiltà e cultura di quaranta paesi.

Peter adorò l'architettura islamica, andò in Oriente e si specializzò nel fotografare l'architettura e le decorazioni islamiche. Ha illustrato nel suo libro dal titolo "Sotto l'albero" "In the Shade dell'Albero", la diversità della civiltà islamica, che fiorì in molti regioni del mondo. Diverse dal punto di vista etnico e culturale, ma significativamente influenzate dalla civiltà islamica.

Il governo marocchino assegnò a Peter Saunders il compito di filmare e documentare le moschee storiche, l'architettura e la decorazione islamica nel Regno del Marocco.

Hassan Shalaby, Turchia

Shalaby è fra gli specialisti più famosi dell'arte della calligrafia islamica nel mondo. Da quando ha iniziato ad insegnare calligrafia islamica nel 1976, ha seguito oltre 44 studenti arrivati da lui da tutto il mondo. Egli ha anche disegnato quadri molto apprezzati di calligrafia islamica nella Moschea del Profeta di Medina, nella moschea di Quba sempre in Medina, nella Moschea di Sultan Ahmed a Istanbul, nella moschea Al Fatih nella città di Vortizheim in Germania, nella Moschea del Venerdì a Johannesburg (Sud Africa) e nel centro di medicina islamica nello Stato del Kuwait.

Mohammed Zakaria, Stati Uniti d'America

Mohamed Zakariya è considerato l'ambasciatore della calligrafia islamica in America. Amò la calligrafia araba islamica fin dall'infanzia, e quando ha raggiunto l'età di dicianove anni partò per il Marocco e la Turchia per impararla. Le sue opere sono molte, la più famosa e importante il disegno del franco bollo emesso dal governo degli Stati Uniti che porta le parole di congratulazioni per i musulmani in occasione della loro festa "Eid Mubarak".

"Qual altro compenso del bene se non il bene?" (Vers. 60 Sura 55).

Nuria Garcia Masip, Spagna

Nuria Garcia Masip, è una calligrafa professionista spagnola residente a Ibiza in Spagna. Dopo aver ottenuto un diploma in letteratura all'università George Washington USA, è andata in Marocco a studiare arte islamica. Nel 2001, decide di concentrarsi sugli studi della calligrafia islamica e vive per un periodo anche a Istanbul Turchia, dove ottiene il suo diploma nel 2007. Da allora viaggia tra mostre e concorsi tra gli USA, il Marocco, la Turchia, l'Europa, il Sud Africa e il Medio Oriente.

Haji Noor Deen, calligrafo cinese

Nato nel 1963 nella provincia di Shangdong in Cina. E' uno dei più famosi calligrafi il quale unì la calligrafia cinese con quella araba in modo originale.

Questi pezzi artistici significano: "Non c'è dio eccetto Dio, Muhammad è il messaggero di Dio" La cupola nella parte inferiore è formata dalla dicitura "Muhammad è il Messaggero di Dio".

Nobuko Sagawa, Giappone

Nobuko Sagawa, giapponese è una delle più accreditate artiste di calligrafia araba e la più famosa in Giappone. Ha studiato arte e lettere arabe. Ha sviluppato una combinazione originale ed uno stile unico tra la scrittura e le lettere giapponesi e quelle arabe.

La sua padronanza nella scrittura "Thuloth" e "Kufi" della tradizione islamica le diedero la possibilità di inventare una calligrafia creativa e riesce a creare le sue opere usando sia una canna di bambù che una penna speciale. Normalmente usa una tecnica orientale che ben armonizza con il significato importante del testo arabo.

"Non ti abbiamo mandato se non come nunzio ed ammonitore per tutta l'umanità" - Corano, Sura 34, Vers. 28

Farid Al-Ali, Calligrafo e Artista plastico, Kuwait

Egli è il direttore del centro di Arte Islamico del Kuwait e uno dei più famosi artisti mediorientali di questi disegni e arte creativa. Nel 2005 realizzò "Muhammadeyal", una collezione di 500 disegni artistici dalla parola araba Muhammad. I 500 disegni sono divisi in 11 gruppi (delicati, squadrati, esagonali, ottagonali etc), Mr Al-Ali fece un'altra collezione simile, ma come soggetto il nome "Allah".

Mohammed Mandi, artista e calligrafo, UAE

Con la sua esperienza unica di disegni creativi, fu nominato calligrafo per le banconote e i passaporti del UAE e di molti altre nazioni. Inoltre, fu nominato supervisore calligrafo alla Grande Moschea Shaykh Zayed in Abu Dhabi (UAE) e molte altre moschee nel mondo.

Un design artistico della parola Muhammad basato sulla scrittura araba a lettere separate. Nuovamente in arabo e in inglese sempre la parola Muhammad.

Celina Cebula, artista decorativa e calligrafa, Polonia

Si laureò in pedagogia all'università di Cracovia e si specializzò in arte decorativa ed educazione artistica. Con il suo talento seppe mischiare la calligrafia con la pittura e riuscì a trovare significati nuovi nella sua arte.

La parola Muhammad, il messaggero di Dio in arabo specchiato su uno sfondo colorato

"Finché non sei misericordioso con gli altri, Allah non lo sarà con te".

"Chi non ringrazia le persone non ringrazia Dio".

Il museo di Arti Islamiche nel Qatar: *Aperto per il pubblico nel dicembre 2008, progettato dall'architetto Americano I.M. Pei il famoso architetto che aveva disegnato la Piramide del Louvre. Gli artefatti visibili riflettono la pluralità e la diversità dell'arte islamica nel mondo.*

Moschea di Sheikh Zayed, Abu Dhabi, EAU:

è una delle più grandi moschee degli Emirati Arabi e la ottava moschea più grande del mondo. La superficie del suo cortile è di 17.000 mq e può ospitare 40.000 fedeli. Ha 82 cupole e 4 minareti ognuno alto 107m . La moschea possiede uno dei più larghi tappeti di 5627 mq e larghissimi lampadari di 10m di diametro. La moschea è considerata come una delle più importanti attrazioni turistiche negli Emirati Arabi Uniti.

La moschea di Jumayrah, Dubai, EAU: *Una delle più belle moschee a Dubai che riflette pienamente l'architettura islamica moderna.*

Moschea di re Hussein, Amman , Giordania: *Fu inaugurata nel 2005, è una delle più grandi di Amman e riflette la moderna arte e calligrafia islamica. Con la sua forma quadrata e i 4 minareti, costruita a circa 1000 metri si affaccia sulla città di Amman.*

La Moschea Ahmed Al- Fateh, nel Bahrain: *Fu aperta nel 1988 dall'ultimo emiro del Bahrain, lo sceicco Issa bin Salman Al-Khalifa. La moschea occupa un area di 6.500 metri quadri e possono pregare più di 7000 fedeli. Riflette uno stile di architettura islamica influenzato dall'eredità culturale locale.*

Moschea Al-Saleh di Sana-Yemen: *La più grande nello Yemen. Fu aperta nel 2008, con un area di 224.000 mq ed una capienza di 40.000 fedeli in preghiera. La moschea è costruita in stile architettonico tipico yemenita. Ci sono ben 15 portoni in legno e 6 alti minareti.*

La Moschea del Sultano Qabus, Oman: *È la più grande moschea dell'Oman. Fu inaugurata nel 2001; all'interno si trova il secondo più grande tappeto, di tessuto fatto a mano, del mondo. L'area della moschea si estende su 416.00 metri quadri, invece la moschea misura 40.000 metri quadri .*

Moschea di Al-Aqsa a Gerusalemme: *Per i musulmani è la seconda moschea più importante (la prima è a Mecca). La moschea Al-Aqsa è un riferimento importante per tutti i musulmani e fu nei primi anni il primo orientamento per la preghiera (Qiblah), poi dopo una rivelazione di Dio divenne invece il Sacro Santuario a Mecca dove si trova la Kaaba (la costruzione cubica costruita dal profeta Abramo (psl) per adorare il Dio Unico. L'area totale della Moschea Al-Aqsa è di circa 144.000 metri quadri. Contiene 2 importanti*

Qibli Masjid

santuari: il Qibli Masjid (dal quale normalmente gli Imam conducono le preghiere) e il "Dome of the rock" (la cupola della roccia).

La cupola della Roccia, Gerusalemme: *È un santuario islamico e una moschea costruita nell'epoca omayyadi, 688-692 DC, dal califfo Abdul Malik Bin Marwan sulla roccia ove si pensa che il Profeta Muhammad si ascese al Paradiso nel famoso viaggio notturno. E' una costruzione ottagonale con una cupola dorata di 29,4 metri di diametro.*

La moschea Ommayade, Damasco Siria

La moschea Ommayade, costruita (706-715 dc) durante la presenza del califfo Ommayade Al Walid. È una delle moschee più grandi e antiche del mondo e ha una notevole importanza a livello architettonico (interno approssimativamente 4000mq).

Nel 2001 Papa Giovanni Paolo II visitò la moschea, prima di visitare le reliquie di Giovanni e fu la prima volta che un Papa visitò una moschea. Il minareto si trova sul lato a sud che è chiamato minareto di Gesù in quanto i musulmani credono che quando Gesù tornerà sulla terra scenderà vicino a quel minareto.

La grande moschea di Samarra, Iraq

La moschea fu commissionata nel 848 e completata successivamente nel 851 dal califfo Abbaside Al-Mutawakkil .

La grande moschea di Samarra, era all'epoca la moschea più grande del mondo. Con i suoi minareti, la torre di Malwiya, assomiglia a un cono a forma di spirale (52 metri di altezza e 33 metri di larghezza con una rampa a spirale). La moschea possiede 17 navate e le sue mura sono tappezzate di mosaici di vetro di color blu scuro. I minareti assomigliano alla stile delle ziggurat babilonesi .

La moschea di Sultan Ahmet, Turchia: *È nota come "la moschea Blu" con cupole a cascata e sei minareti sottili. Commissionata dal Sultano Ahmet dell'Impero Ottomano costruita agli inizi del 1609 e conclusa dopo diversi anni.*

Ayasofia, Istanbul, Turchia **:**

Aya Sofia (Hagia Sophia) ad Istanbul- Turchia. Inizialmente era una chiesa bizantina e successivamente divenne una moschea durante l'Impero Ottomano per circa 500 anni. Ora è un museo e una delle maggiori attrazioni turistiche chiamata dagli occidentali Moschea di Santa Sofia.

عثمان رضي الله عنه
حسن رضي الله عنه

Taj Mahal, Agra, India : *Non è una moschea, bensì un mausoleo (edificio di sepoltura) però che riflette l'architettura islamica; fu costruita da Shah Jahan (1592-1666) in memoria a sua moglie. Grazie al suo esclusivo design architettonico, è considerato come una delle attrazioni turistiche più importanti del mondo.*

Jama Masjid nel New Delhi, India *la più grande moschea in India costruita nel 1656*

Red Fort, Agra, India

Moschea Faisal, Islamabad, Pakistan

Fortezza di Lahore in Pakistan

Moschea Star, Dhaka, Bangladesh

Moschea Auburn Gallipoli, Sidney, Australia

Moschea del Sultano, Singapore

Moschea Sultan O.A. Sayfuddin, Brunei

Moschea Turca in Tokio, Giappone

Moschea in Pattani, Thailandia

La Moschea di Cristallo, Kuala, Terengganu, Malesia:
La moschea è costruita principalmente di cristallo. Si trova nel parco del patrimonio islamico nell'isola di Wan Man. È stata ufficialmente aperta nel 2008

Moschea di Putrajaya, Malesia

Moschea di Kuantan in Malesia

Moschea in Perak, Malesia

Moschea Al- Azhar al Cairo, Egitto: *Costruita nel 971dc assieme ad una delle più antiche università operative e importanti del mondo.*

Moschea di Ahmad Ibn Tulun, Cairo, Egitto: *Completata nel 879 dc, è una delle più grandi moschee del mondo (26,318 mq) è nota anche per la sua graziosa architettura e unico minareto.*

La Mezquita di Cordoba- Spagna: *Mezquita in spagnolo significa moschea. È stata progettata nel ottavo secolo da architetti musulmani, sotto la supervisione dell'emiro di Cordoba Abd ar-Rahman II (822-852). Oggi la moschea è la cattedrale di Cordoba (ufficialmente cattedrale di Santa Maria dell'Assunzione).*

Alhambra Calat, Spagna: *Chiamata anche "la fortezza rossa". Si tratta di un palazzo ed una fortezza costruite durante il regno del Sultano musulmano di Granada (1353-1391 dc).*

Oggi è una delle maggiori attrazioni turistiche in Spagna che esibisce una delle famose architettura islamiche.

Note: *l' interno di Alhambra, il palazzo dell'imperatore romano Carlo V edificato nel 1527 DC.*

La Moschea di Hassan II, Casablanca, Marocco: *Fu completata nel 1993. Disegnata dall'architetto francese Michel Pinseau. Il minareto della grande moschea è la più alta struttura in Marocco ed è anche il minareto più alto del mondo (210 m). Di notte un raggio laser parte dalla cima del minareto in direzione della moschea di Mecca.*

La Moschea di Kairaouine, Fes, Marocco: *Fondata nel 987dc è la seconda moschea più grande in Marocco (dopo la nuova di Hassan II a Casablanca) è una delle università più antiche del mondo ed anche il monumento più antico a Fes.*

Moschea del Kipchak in Ashgabat, Turkmenistan

Moschea Azadi in Ashgabat, Turkmenistan

Shir Dor Madrasah, Samarkand, Uzbekistan

Moschea in Bukhara, Uzbekistan

Moschea di Kul Sharif in Russia

Moschea in Kazakhistan

Grande Moschea di Roma in Italia

Moschea di Stoccolma, Sweden

La Grande Moschea di Parigi, Francia: *È la più grande moschea di Francia. E 'stata fondata dopo la Prima Guerra Mondiale. Inaugurata il 15 luglio 1926.*

Nota: Nell'Islam ci sono cinque preghiere al giorno. Quello che segue è una traduzione delle parole del "athan" (richiamo per ogni preghiera). Ogni affermazione viene ripetuta due volte: Allah è il più grande. Io testimonio che non c'è divinità se non Allah. Io testimonio che Muhammad è Messaggero di Allah. Vieni alla preghiera. Vieni al vero successo. Allah è il più grande. Non c'è Dio se non Allah.

La Moschea di Penzberg in Germania: *Sul minareto è incisa la parola Athan che sarebbe il richiamo dei musulmani alla preghiera. Il disegno calligrafico di Mohammed Mandi (Emirati Arabi) fu scelto come vincitore di un premio.*

La Grande Moschea di Xi'an, Cina

Grande Moschea in Indonesia

Moschea di Hui in Ningxia, Cina

Grande Moschea in Touba, Senegal

Moschea di Faisal Conarkry, Guinea

Moschea in Bobo Dioulasso, Burkina Faso

Moschea di Djenné, Mali

Djenné è la moschea più grande di fango. È molto più impressionante di quanto sembra: la costruzione è enorme e riesce ad essere elegante sia da lontano che da vicino. Due volte all'anno gli abitanti della città, lasciano i loro impegni, raccolgono tutto il fango dal vicino fiume Bani, e tutti insieme restaurano le pareti della moschea.

Riferimenti

Abdul Ghani, M. Ilyas, (2003). The History of Al-Madinah Al-Munawwarah, Rasheed Publishing, KSA

Ahmad, Mumtaz ,(1996). Islam and Democracy: The Emerging Consensus; Middle East Affairs Journal,

Al-Mutawa, Jassem, (2001). The Wives of the Prophet in Contemporary Time. Kuwait

Al-Mubarakpuri, Safi-ur-Rahman, (1996). The Sealed Nectar: Biography of the Noble Prophet Muhammad, Darussalam, KSA.

Armstrong, Karen, (2002). Islam: A Short History.

Armstrong, Karen, (1992). Muhammad: A Biography of the Prophet.

Armstrong, Karen, (2007). Muhammad: A Prophet for Our Time.

Al-Nawawi, Y.S., " Riyadh Al-Saliheen", 2003 Authentic Sayings of Prophet Muhammad, Arabic Cover –Cairo – Egypt

As-Sallaabee, Ali Muhammad , "The noble life of the Prophet" , Darussalam, KSA

Bukhari, Mohammad Bin Ismael (Imam Abu Abdullah), (1997). Saheeh Bukhari, International Ideas Home – Amman –Jordan

Cleary, Thomas, (2001). The Wisdom of the Prophet: The Sayings of Muhammad

Hammad, Ahmad Zaki (2007), The Gracious Qur'an: A Modern-Phrased Interpretation in English, Lucent Interpretations, IL, USA

Hart, Michael, (1992), "The 100; A Ranking of the Most Influential Persons in History":,1992, Carol Publishing Group. N.J. –USA

Islam, Yusuf, (1995). "The Life of the Last Prophet", Darussalam, Saudi Arabia

Khalidi, Tarif (2009). Images of Muhammad: Narratives of the Prophet in Islam Across the Centuries. Kindle Edition

Khan, M. Muhsin, " Sahih Al-Bukhari –English Translation", 4th Ed, 1985, Beirut- Lebanon

Montgomery Watt, W.(1974). Muhammad: Prophet and Statesman. Kindle Edition

Pickthall, Marmaduke (2006). The Qur'an Translated: Message for Humanity – The International Committee for the Support of the Final Prophet, Washington- USA

Ramadan, Tariq; (2009) In the Footsteps of the Prophet: Lessons from the Life of Muhammad

Saheeh Int. (2004), The Qur'an English Meanings. Abul-Qassim Publishing –Al Muntada Al-Islami-Jeddah- KSA

Sultan Sohaib N., Ali, Yusuf Ali, and Smith, Jane I. (2007), The Qur'an and Sayings of Prophet Muhammad: Selections Annotated & Explained (Skylight Illuminations)

Unal, Ali., "The Holy Qur'an With Annotated Interpretation in Modern English", 2006 , The Light –New Jersey, USA

Wolfe, Michael & Kronemer, Alex (2002). Muhammad: Legacy of a Prophet (DVD - Dec 18, 2002)

NOTE

GUIDE TO
ISLAM

OSOUL
STORE

CHAT
&
DECIDE

GUIDE TO
ISLAM

OSOUL
STORE

www.ingramcontent.com/pod-product-compliance
Lightning Source LLC
LaVergne TN
LVHW020507100826
845148LV00003B/718